¡A la perfección!

Para dominar la mecánica de la escritura

Cuaderno de ejercicios

Primera edición
junio 2009

¡A la perfección! Para dominar la mecánica de la escritura
Cuaderno de ejercicios
Methodology & Books Copyrighted for Spanish and other languages
© Priscilla Gac-Artigas – 2009
Academic Press ENE
Todos los derechos reservados

Ninguna parte de este libro puede ser reproducida o retrabajada bajo forma alguna sin la autorización escrita de la casa editorial.
El hacer fotocopias de materiales protegidos por la ley de derechos de autor está penado por la ley.
Ediciones Nuevo Espacio – Academic Press ENE
New Jersey, 07724, USA
http://www.editorial-ene.com/INDEX2.htm
AcademicPressENE@aol.com
Diseño de portada: Melina Gac-Artigas

¡A la perfección! Para dominar la mecánica de la escritura

Cuaderno de ejercicios
ISBN: 1-930879-56-3

Libro de texto:
Edición beta: enero 2009 ISBN: 1-930879-58-X
Primera edición: junio 2009
ISBN: 1-930879-55-5

Direct Orders: Academic Press ENE: fax (1) 732- 544-4812

Evaluación diagnóstica	CD del profesor
Prefacio	11
Claridad y legibilidad del texto	17
Capítulo Preliminar: Consolidando los cimientos	19
Tabla con los usos de los signos de puntuación	19
A. La puntuación	19
1. La oración	34
Para dominar la mecánica: ejercicios	38
2. Uso de la coma, el punto y coma, la raya, los paréntesis y los dos puntos	41
Para dominar la mecánica: ejercicios	41
3. Uso de las mayúsculas	43
Para dominar la mecánica: ejercicios	46
B. La ortografía	54
1. Usos de la *b* y la *v*	54
Para dominar la mecánica: ejercicios	56
2. Usos de la *c*, la *s* y la *z*	63
Para dominar la mecánica: ejercicios	64
3. Usos de la *g* y la *j*	70
Para dominar la mecánica: ejercicios	71
4. Usos de la *h*	74
Para dominar la mecánica: ejercicios	75
5. Usos de la *ll* y la *y*	77
Para dominar la mecánica: ejercicios	78
6. Usos de la *m* y la *n*	80
Para dominar la mecánica: ejercicios	81
7. Usos de la *r* y la *rr*	83
Para dominar la mecánica: ejercicios	83
Para dominar la mecánica: ejercicios de sección	85
C. La acentuación	88
1. Silabicación: división en sílabas	88
2. Acento tónico o prosódico	89
3. Diptongos y triptongos	90
4. Acento ortográfico	91
5. Acento diacrítico	93
Para dominar la mecánica: ejercicios	94
Para dominar la mecánica: ejercicios de sección	98
D. Gramática: Revisión de los puntos que hacen del discurso un discurso natural	100
1. Uso del pronombre de complemento indirecto	100
Para dominar la mecánica: ejercicios	104

	2. *Gustar* y otros verbos de estructura similar	108
	Para dominar la mecánica: ejercicios	111
	3. Uso de la forma neutra *lo*	113
	Para dominar la mecánica: ejercicios	116
	4. Uso de la construcción pasiva y del *se* reflejo o impersonal	118
	Para dominar la mecánica: ejercicios	120
E. Técnicas para aumentar y enriquecer el vocabulario		126
	1. Los cognados: pautas generales para transcribir grafías (en general cognados) del inglés al español	126
	Para dominar la mecánica: ejercicios	128
	2. Los falsos amigos	131
	Para dominar la mecánica: ejercicios	135
	3. Prefijos y sufijos	138
	a. Prefijos comunes con igual significado en inglés y en español: *in*, *des* y *anti*	138
	Para dominar la mecánica: ejercicios	138
	b. Otros prefijos o sufijos comunes provenientes del griego (*g*) o del latín (*l*)	142
	Para dominar la mecánica: ejercicios	144
	c. Sufijos derivativos adjetivos	148
	Para dominar la mecánica: ejercicios	149
	d. Sinónimos y antónimos	152
	Para dominar la mecánica: ejercicios	152
	e. Campos semánticos	159
	Para dominar la mecánica: ejercicios	159
F. Evitar los calcos del inglés		164
	1. Usos del infinitivo	164
	2. Usos del gerundio	165
	Para dominar la mecánica: ejercicios	167
	3. Uso de los verbos convertirse (en), llegar a ser, ponerse, quedarse y volverse	170
	Para dominar la mecánica: ejercicios	171
	4. Sustantivos y verbos con más de un significado en español	172
	a. Equivalentes del sustantivo *time*: tiempo, hora, época, vez	172
	Para dominar la mecánica: ejercicios	174
	b. Equivalentes en español de los sustantivos *beginning, back, end/ending, character, country, front, light, paper, party, people, public, reading*	

	and writing	176
	Para dominar la mecánica: ejercicios	180
	c. Equivalentes de los verbos *to fail, to get, to move, to save, to support*	181
	Para dominar la mecánica: ejercicios	183
	5. Verbos de movimiento que presentan dificultad para los estudiantes angloparlantes	186
	Para dominar la mecánica: ejercicios	188
	6. Otros verbos que se prestan a confusión: pedir/preguntar; realizar/darse cuenta	193
	Para dominar la mecánica: ejercicios	195
Concisión y precisión del texto		197
Capítulo 1. Técnicas para lograr concisión y precisión		197
A. La nominalización		197
1. A partir de verbos		197
	Para dominar la mecánica: ejercicios	197
2. A partir de adjetivos		202
	Para dominar la mecánica: ejercicios	202
3. *Por, debido a, a causa de, gracias a, a pesar de* + sustantivación		208
	Para dominar la mecánica: ejercicios	208
4. Utilizando un concepto abstracto		211
	Para dominar la mecánica: ejercicios	211
5. A partir de la anteposición del artículo definido *el* al infinitivo		213
	Para dominar la mecánica: ejercicios	213
B. Identificar y reemplazar verbos y vocablos comunes y semánticamente vacíos		216
	Para dominar la mecánica: ejercicios	216
C. Evitar el uso de repeticiones y redundancias		219
	Para dominar la mecánica: ejercicios	219
Para perfeccionar la escritura y afinar el estilo		221
Capítulo 2. La mecánica de la oración		221
A. La oración simple		221
Orden sintáctico lógico		221
	Para dominar la mecánica: ejercicios	221
Orden psicológico		223
	Para dominar la mecánica: ejercicios	223
B. La oración compuesta		226
	Para dominar la mecánica: ejercicios	226
Capítulo 3. La mecánica del párrafo		231

A. Composición de un párrafo	232
1. Oraciones simples yuxtapuestas	232
2. Oraciones compuestas coordinadas y subordinadas	232
3. Combinación de oraciones simples y compuestas	232
Para dominar la mecánica: ejercicios	233
B. Métodos para desarrollar las ideas en los párrafos	240
1. La definición	240
Para dominar la mecánica: ejercicios	240
Pautas para corregir un párrafo cuyo objetivo es definir	241
2. La ejemplificación	241
Pautas para corregir un párrafo cuyo objetivo es ejemplificar	242
3. La comparación y el contraste	242
Pautas para corregir un párrafo que emplea comparaciones	243
4. La sucesión de detalles y anécdotas	243
Pautas para corregir un párrafo con sucesión de detalles	244
Pautas para corregir un párrafo con sucesión de anécdotas	245
5. La clasificación	246
Pautas para corregir un párrafo que emplea la clasificación	247
C. Técnicas para organizar las ideas en un texto	248
1. La deducción y la inducción	248
2. El análisis y la síntesis	249
D. Modalidades de redacción	250
1. La descripción: el párrafo descriptivo	250
Pautas para corregir un párrafo descriptivo	251
2. La narración: el párrafo narrativo	253
Pautas para corregir un párrafo narrativo	253
3. La exposición: el párrafo expositivo	254
Pautas para corregir un párrafo expositivo	255
4. La argumentación: el párrafo argumentativo	255
Pautas para corregir un párrafo argumentativo	256
E. Conexiones entre párrafos	257
1. Conectores lógicos de acuerdo a su matiz: unión, contraste, comparación, causa-efecto, ejemplo, etc.	257
Para dominar la mecánica: ejercicios	257
F. Clasificación de los párrafos de acuerdo a su ubicación	259

Capítulo 4. La mecánica del texto	262
A. Consideraciones generales para la escritura de un texto	262
Para dominar la mecánica: ejercicios	262
C. Claves para determinar el enfoque apropiado para un escrito a partir de una pregunta	264
Para dominar la mecánica: ejercicios	264
Pautas para evaluar un ensayo corto respuesta a una pregunta específica	269
Distintos tipos de texto	270
Textos académicos	270
1. El ensayo	270
c. El ensayo expositivo	270
Para dominar la mecánica: ejercicios	270
Pautas para corregir un ensayo expositivo	272
d. El ensayo argumentativo	273
Para dominar la mecánica: ejercicios	273
Pautas para corregir un ensayo argumentativo	275
2. El comentario o explicación de texto	276
Para dominar la mecánica: ejercicios	276
Pautas para corregir un comentario de texto	277
Escritos periodísticos	278
1. La entrevista	278
Para dominar la mecánica: ejercicios	278
2. La noticia	282
Para dominar la mecánica: ejercicios	282
3. El reportaje	286
Para dominar la mecánica: ejercicios	286
4. La crónica	290
Para dominar la mecánica: ejercicios	290
5. El artículo	291
Para dominar la mecánica: ejercicios	292
6. La crítica o reseña	294
Para dominar la mecánica: ejercicios	294
7. El editorial	295
Para dominar la mecánica: ejercicios	295
8. El obituario	296
Para dominar la mecánica: ejercicios	296
Escritos profesionales	298
Las cartas	298
Para dominar la mecánica: ejercicios	298
La autora	301

Prefacio

Las más recientes investigaciones sobre metodología de enseñanza apuntan todas a la misma dirección: la necesidad de transformar el salón de clases en un lugar donde el estudiante participe en el proceso de aprendizaje de manera activa, colaborativa e interactiva con sus pares; y todos aquellos que estamos investigando, experimentando, buscando cambiar, o mejorar, el modelo de enseñanza en nuestros salones estamos de acuerdo en que las investigaciones van en la buena dirección.

Para esos efectos, lo primero que se intenta, y recomiendan los métodos más generalizados, es poner a los estudiantes a trabajar con un compañero o en grupo, y es práctica común, para asegurar que la dinámica de grupo funcione, el que se coloquen (en el caso de los cursos de español, idioma que nos atañe) estudiantes que tienen un dominio mayor de la lengua con los que tienen un conocimiento menor, o estudiantes hispanohablantes, junto a estudiantes no hispanohablantes.

Una observación cuidadosa de la aplicación de esta metodología en el salón de clases muestra que, en las referidas situaciones, más que la explicación de un concepto, lo que se transmite, en la mayoría de los casos, es "la respuesta correcta". De proveerse una explicación, ésta es aceptada porque es la explicación propuesta por el alumno que más sabe, no necesariamente porque se haya entendido el concepto. Ello nos lleva, de manera algo precipitada, a pensar que todos los estudiantes están aprendiendo e interiorizando el conocimiento por igual.

Sin embargo, al medirse en un examen el conocimiento adquirido, se hace patente una realidad más compleja: un desfase entre los resultados del trabajo en grupo en el salón de clases y los individuales. El estudiante que sabía más consolidó sus conocimientos, pero en el que menos sabía, la mayoría de las veces, no se observan avances significativos en los exámenes de capítulo, menos aún, en el examen final, cuando la materia cubierta se ha alejado en el tiempo.

No obstante, se había trabajado en grupo, se había logrado interacción, y en el mejor de los casos, se había propuesto una explicación en un lenguaje por todos entendible: el de un compañero de clase.

Ello nos indica que hay una falla, y si analizamos la situación con ojo crítico nos damos cuenta de que el problema radica en que no se rompe con aquello que se pretende romper, y se reproduce el mismo esquema de enseñanza que se pretende eliminar, salvo que el rol del profesor transmitiendo conocimiento se traslada al estudiante que sabe más. De ello se sigue que éste asienta su posición de autoridad frente a sus compañeros, y éstos conservan un rol pasivo en el proceso de aprendizaje, de dependencia, de aceptación sin cuestionamiento, carente de análisis crítico.

Nueva metodología de enseñanza

Frente a esta situación, ¿cuál es la propuesta de *¡A la perfección! Para dominar la mecánica de la escritura*?

Una nueva metodología para la enseñanza de la escritura en español que le entrega al estudiante el control del aprendizaje y le transfiere el poder que da el conocimiento. Es la confianza que da el saber, y el saber con certeza que se sabe, la que desencadenará una nueva dinámica en los grupos y despertará la pasión por aprender. Si no se adquiere el poder que da el conocimiento, la confianza no se puede establecer, el estudiante que no sabe se sentirá siempre en posición de desventaja y de dependencia, y continuará esperando una explicación. *¡A la perfección!* crea una situación donde se produce un intercambio de conocimientos, una situación en la cual el estudiante es capaz de juzgar lo que se le está comunicando, donde el estudiante que recibe una explicación hoy puede a su vez ser quien clarifica un concepto mañana. De ese modo, cada uno toma control de su aprendizaje.

En *¡A la perfección!* el estudiante toma conciencia de lo que está aprendiendo gracias a la medición inmediata de cada etapa antes de entrar a trabajar en grupo, lo que le permite desafiarse e integrar el conocimiento a la memoria de largo plazo. El medir lo que aprendió le da la confianza de tomar la iniciativa de proponer explicaciones y de desafiar otras propuestas al interior del grupo.

Aplicación de la metodología

¿Cómo logra *¡A la perfección!* producir esa dinámica de participación y colaboración entre los alumnos? El método se apoya en tres ejes:

1. La presentación clara y concisa del material de estudio.
2. La medición inmediata del conocimiento adquirido y el control por parte del estudiante de su aprendizaje.
3. Un objetivo claro, del que no se desvía: mejorar la escritura.

1. Presentación del material

La presentación del material en secciones breves favorece el aprendizaje partiendo de la cantidad de conceptos y tópicos que el cerebro es capaz de procesar en un corto periodo de tiempo. Esta organización le facilita al estudiante el participar activamente en su aprendizaje, el asentar la asimilación de un concepto a través de ejercicios específicos y el medir sus conocimientos antes de pasar a una etapa siguiente en que, en igualdad de condiciones por el conocimiento adquirido, pueda trabajar en grupo de manera colaborativa y enriquecedora e incorporar sus conocimientos a su memoria de largo plazo.

Este aprendizaje se hará por etapas partiendo de lo básico: la redacción de una oración. Se entregarán las técnicas para la construcción de oraciones simples; se enseñarán los usos de los conectores para crear oraciones compuestas; se practicarán el orden sintáctico lógico y el psicológico, y una vez dominada la mecánica de la oración, se pasará a la mecánica del párrafo donde se practicará la escritura de los diversos tipos de párrafos hasta llegar a la mecánica de la redacción de textos completos.

2. La medición inmediata del conocimiento

La posibilidad que provee el método de una medición inmediata -después de cada etapa y no solamente al final- de la comprensión, interiorización y aplicación de los conceptos, prepara al alumno a participar en igualdad de condiciones en el trabajo en grupo. Primero se mide el dominio del concepto en un escrito propio, luego, se mide su reconocimiento en escritos ajenos, y finalmente, se discute en grupo el porqué de su aplicación.

Para lograr esta medición, los ejercicios están divididos en tres tipos: A, B y C.

Los de tipo "A" están diseñados para permitirles al profesor y al alumno saber, en forma inmediata, si un concepto fue entendido y en qué medida. Los estudiantes responderán a ellos y se asignarán un puntaje de acuerdo a sus expectativas. Luego, el profesor entregará las respuestas para que se corrijan. Como siguiente paso, compararán el puntaje esperado con el puntaje obtenido, lo que les permitirá comprobar si hay concordancia entre lo que creen saber y lo que realmente saben, monitoreando así su propio proceso de aprendizaje. Si no fuera necesaria una aclaración del material, se pasa de inmediato al ejercicio de tipo "B".

Los ejercicios de tipo "B" están diseñados para permitirles al profesor y al alumno saber si el concepto fue interiorizado, en qué medida, y si el alumno es capaz de aplicarlo a un texto ajeno. El estudiante se asignará un puntaje de acuerdo a sus expectativas, luego, intercambiará su trabajo con un compañero de clase quien lo corregirá. El estudiante tendrá que comparar el puntaje esperado y el recibido por parte de su compañero, con las respuestas entregadas por el profesor.

Ello le permitirá ver si existen discrepancias entre sus respuestas, lo que corrigió en el trabajo de un compañero y las respuestas correctas dadas por el profesor. Al comparar estos tres resultados sabrá si domina el concepto o si necesita volver sobre él. El aprender a encontrar los errores en trabajos ajenos le permitirá fortalecer su espíritu crítico frente a sus propios trabajos y le indicará si ha interiorizado el concepto.

Los ejercicios de tipo "C", tercera etapa en la comprensión e interiorización de un concepto, serán contestados individualmente y luego corregidos y discutidos en grupo. Este tipo de ejercicios les permitirá a los estudiantes exponer las razones para sus correcciones y defender su punto de vista. El rol del profesor será el del agente que estimula la discusión al interior de los grupos y entre los diferentes grupos cuando ésta se abre a la clase en su totalidad, y al final, hará una recapitulación general del concepto estudiado y de su aplicación para reafirmar los conocimientos y reforzar la confianza de los alumnos sobre lo aprendido.

Esta forma de trabajo que entrega, y al mismo tiempo, mide el conocimiento adquirido es la que desencadena una nueva dinámica en el salón de clase.

El último elemento de medición es el "Portafolio de autoevaluación" incluido al final de cada capítulo, el que consta de actividades recapitulativas que le permitirán asentar su dominio de la materia, y de una sección en la que se le pide que reflexione sobre la evolución de su experiencia en el proceso de escritura.

Como material suplementario, en el cuaderno de ejercicios se incluyen ejercicios alternativos que hemos denominado de tipo "D", también para completar individualmente, y luego discutir en clase. En general, son ejercicios de escritura, pero ligados al análisis literario, en los que el estudiante será introducido a aspectos de la literatura y la cultura y civilización de España y de Latinoamérica.

3. Objetivo

El objetivo claro del método, del que no se desvía, es la escritura; entregarles a los alumnos las herramientas necesarias para dominar la mecánica de la escritura en español de manera a que interioricen los conceptos y su aplicación, y los integren a su memoria de largo plazo. El libro de texto y el cuaderno de ejercicios están diseñados de forma a convertir el salón de clases en un taller interactivo de redacción en el que se va más allá de la corrección de la gramática, la ortografía, la puntuación o la sintaxis. Paso a paso, se le ofrece al alumno la sistematización de las técnicas que le permitirán lograr la estructuración formal lógica, el encadenamiento ordenado de ideas y la unidad temática que hacen que la escritura cumpla su objetivo de comunicación, lo que le ayudará a enfrentar exitosamente los diferentes tipos de escritura académica que se le requiere en los cursos universitarios, tanto en los de la especialización en español, como en otras disciplinas.

Organización del libro

El libro se divide en tres secciones: "Claridad y legibilidad del texto" (Cuaderno de ejercicios), "Concisión y precisión" y "Para perfeccionar la escritura y afinar el estilo", cada una, con un objetivo específico, como puede notarse.

Éstas adentrarán, progresivamente, al estudiante en lo que es la mecánica de la escritura, desde la exposición y explicación del concepto, los ejemplos, los esquemas de desarrollo, revisión y evaluación de textos, y finalmente, los ejercicios "para dominar la mecánica".

El Capítulo Preliminar que compone la primera sección está diseñado para llevar a los estudiantes a consolidar los cimientos de ortografía, puntuación y gramática adquiridos previamente, y garantizar el primer nivel de la redacción: la claridad y la legibilidad. Como es material de repaso, este capítulo está incluido en el Cuaderno de Ejercicios, no en el libro de texto. El tiempo a dedicar a esta sección (de ser necesario cubrirla), dependerá del resultado de los alumnos en la prueba diagnóstica o del tiempo de que se disponga para el curso, uno o dos semestres. A discreción del profesor, puede obviarse completamente o asignarse por secciones paralelamente a la clase para ser cubiertas con un asistente de cátedra o de laboratorio, o en grupos pequeños de alumnos, o puede utilizarse como referencia, dependiendo de las necesidades individuales.

La segunda parte, "Concisión y precisión", les entregará técnicas para enriquecer el vocabulario, lograr la precisión en la escritura y adquirir flexibilidad en la sintaxis de manera a dotar sus escritos de variedad y brillantez sin que los mismos pierdan claridad.

La tercera está diseñada para preparar a los alumnos a la escritura de los distintos tipos de textos académicos a los que todo estudiante universitario debe enfrentarse, y se les introduce, además, a la escritura de textos periodísticos y profesionales, enseñándoles, al mismo tiempo, las estrategias para decidir del tono, el lenguaje apropiado y la perspectiva, dependiendo del objetivo y la audiencia del escrito. Se le prepara, igualmente, a analizar las variantes de preguntas de examen para decidir qué tipo de respuesta se espera. El reconocer el tipo de pregunta y saber cómo contestarla sin rodeos y en forma estructurada, contribuirá a eliminar la tendencia común a escribir todo lo que se sabe sobre el tema sin por ello responder a la pregunta.

El libro contiene además, una serie de apéndices gramaticales, literarios y prácticos que le permitirán al estudiante repasar el material que necesitan saber para aprobar exámenes de praxis o de habilidad lingüística. Con respecto a los ejemplos de textos incluidos tanto en el cuaderno de ejercicios como en el libro de texto, todos apuntan a ampliar la formación cultural del alumno y a entregarle las bases para un mejor resultado en los cursos de literatura y de cultura y civilización de España y de Latinoamérica, puesto que no nos cabe duda de que, nada como la lectura, para enriquecer el léxico y ampliar los conocimientos. Sin embargo, el foco de la discusión y la práctica en clase será siempre la escritura, hasta que se dominen las técnicas de la redacción *¡a la perfección!*

A manera de conclusión

La escritura es construcción, y como toda construcción, tiene un plano y una estructura que sirven de base al producto final. Usted puede mostrarles a sus alumnos la foto de un hermoso edificio y pedirles que imiten el modelo, pero si éstos no dominan la mecánica de la construcción y las reglas que la definen, es muy probable que el producto final diste mucho del modelo original.

No es nuestro interés entrar en la discusión de si lo que los alumnos necesitan para mejorar su escritura son cursos de gramática más estructurados, o estudiar las artes de la composición en forma holística, o utilizar más la tecnología disponible hoy en día. Todas esas son herramientas útiles, pero ninguna sustituye la práctica de escribir.

Por ello, el objetivo de *¡A la perfección!, para dominar la mecánica de la escritura* es, precisamente, enseñarles a los alumnos a dominar la mecánica de la escritura, a consolidar las bases de la construcción de un texto: de la oración al párrafo y del párrafo al texto total.

Componentes del libro

1. *¡A la perfección!, para dominar la mecánica de la escritura*: **libro de texto**

2. *¡A la perfección!, para dominar la mecánica de la escritura*: **cuaderno de ejercicios**

3. **Blog** de *¡A la perfección!, para dominar la mecánica de la escritura*. Comunidad de estudio (enseñanza y aprendizaje de la mecánica de la escritura en español) con secciones como: "La palabra de la semana"; "La cápsula lingüística de la semana"; "Consultas de estudiantes"; "El rincón de los especialistas"; etc. y enlaces a diccionarios, tesauros y otras herramientas útiles para el estudiante de español.

http://editorial-ene.com/blog3/

CLARIDAD Y LEGIBILIDAD DEL TEXTO

Capítulo preliminar: Consolidando los cimientos

A. La puntuación

Tabla con los usos de los signos de puntuación

	Función	ejemplos
Punto .	Indica el final de una oración completa o de un párrafo. La palabra que sigue al punto se escribe con mayúscula y va en la misma línea si es punto y seguido; en otra línea (sangrada) si inicia un nuevo párrafo.	Gabriel García Márquez ganó el premio Nobel de Literatura en 1982. **S**u novela más leída es *Cien años de soledad*.
	Se usa al final de una abreviatura.	Srta. Sra. Sr. Dra. Ud.
	Se pone tras un paréntesis, raya o comillas **al final de una oración o párrafo.**	Una de las más destacadas pintoras del siglo XX, famosa por sus autorretratos, lo fue Frida Kahlo (1907-1954). Estuvo casada con Diego Rivera —otro gran pintor mexicano, famoso por sus murales—. Uno de sus cuadros más célebres es "Raíces".
	Se usa con la inicial de un nombre o apellido.	Gustavo A. Bécquer (Gustavo Adolfo Bécquer)
	No se usa después de los puntos suspensivos al final de un enunciado.	Conozco ampliamente la obra de los grandes muralistas mexicanos: Orozco, Siqueiros, Rivera... No conozco bien, sin embargo, la obra de Rufino Tamaño.

		Tampoco se pone tras el signo de interrogación o de exclamación.	¿Qué es la vida? Un frenesí. ¿Qué es la vida? Una ilusión... (Calderón de la Barca, *La vida es sueño*)
		No se usa en las siglas.	NU OEA NY
		No se usa en los símbolos constituidos por letras como los **puntos cardinales**, las **unidades de medida** o los símbolos de **elementos químicos**	N (Norte) S (Sur) E (Este) O (Oeste) km cm O Fe H
		No se usa al final de los títulos o de textos formados por una sola oración como un título que va en línea aparte y generalmente con otro tipo de letra.	**Los signos de puntuación** En el primer capítulo…
Coma	,	Indica una pausa corta.	¡Gracias a la vida, que me ha dado tanto! (Violeta Parra)
		Se usa para separar elementos análogos.	Los árboles no tenían hojas, no tenían flores, no tenían frutos...
		Separa elementos de una enumeración, sean palabras o series de acciones de la misma categoría, pero **no** se pone delante del último miembro de la enumeración si éste va precedido de las conjunciones *y*, *e*, *o*, *u* o del adverbio *ni*.	Lope de Vega (1562-1635), Tirso de Molina (1583-1648) y Calderón de la Barca (1600-1681) son considerados los máximos exponentes del teatro barroco español.

Se usa para separar oraciones que expresan ideas distintas o complementarias, incluso si van precedidas de una conjunción.	Juan Ramón Jiménez, Vicente Aleixandre y Camilo José Cela son tres grandes escritores españoles, y los tres obtuvieron el codiciado Premio Nobel de literatura.
Separa el vocativo (nombre).	Eugenio, escríbele una carta a tu padre. Llámalo por teléfono, Inés. No llores más, hijito.
Encierra una aclaración intercalada.	Michelle Bachelet, elegida en el 2003, fue la primera mujer en llegar a la presidencia de Chile.
Separa expresiones como *ahora bien, al menos, al parecer, en efecto, por consiguiente, por lo tanto, sino, sin embargo*, etc.	Al parecer, fue Juan quien se lo dijo. Te doy permiso para salir con tus amigos, ahora bien, tienes que regresar antes de las doce.
Separa elementos con carácter incidental dentro de la oración.	Madrid, capital de España, es una ciudad llena de encantos.
Separa proposiciones de una oración, cuyo orden lógico ha sido invertido.	Cuando haya terminado de estudiar para los exámenes finales, podré ir a correr al parque.
Se usa delante de los adversativos *pero, mas, excepto, salvo* y *menos* para acentuar la oposición o excepción.	He leído todas las novelas de Isabel Allende, excepto *Retrato en sepia*.
Se usa para evitar la repetición de un verbo.	Picasso pintó "Guernica," y Goya, "La maja desnuda".

Punto y coma	;	Indica una pausa mediana (mayor que la de la coma) entre dos partes de una oración. Se usa para separar series de enumeraciones cuando ya se han utilizado comas dentro de la oración.	Entre otros géneros literarios, Borges cultivó el cuento, la poesía y el ensayo; no cultivó, sin embargo, la novela.
		Separa oraciones que están relacionadas entre sí, bien sea por causa y efecto, o por oposición.	Pronto lloverá; de seguro que habrá inundaciones. No es recomendable que los niños vean tanta televisión; es preferible que lean.
Dos puntos	:	Se usan para introducir una enumeración de carácter explicativo, o para cerrarla, si por énfasis se coloca al principio.	A través de las épocas, España ha dado a la posteridad excelentes pintores: Velázquez, Goya, Picasso... Salud, dinero y amor: esa es la base de la felicidad.
		para introducir una cita:	Sobre el escritor español Camilo José Cela la profesora dijo: "Su obra más conocida, *La colmena*, se sitúa en Madrid después de la Guerra Civil".
		para separar la hora de los minutos:	Son las 2:30 de la tarde.
		para introducir ejemplificaciones:	De las diecisiete comunidades autónomas en que se divide España, solamente he visitado las siguientes: Galicia y Navarra al norte, Castilla-La Mancha al centro y Andalucía al sur.

			En su obra podemos notar características del parnasianismo francés: rechazo de excesos emocionales del Romanticismo y defensa del "arte por el arte".
		para introducir una conclusión o prueba:	Lo que les voy a decir es concluyente: la erradicación del machismo depende no solamente de un cambio en la mentalidad de los hombres, sino también de las mismas mujeres.
		después del saludo en las cartas*:	Estimados señores: La presente es…
		* Después de los dos puntos se usa minúscula, a menos que sea la primera oración de una carta, una cita o una enumeración en varios párrafos precedidos por un número o letra.	
Puntos suspensivos	…	Se usan para dejar el enunciado incompleto y en suspenso. Pueden expresar duda, temor, indecisión, o crear expectación en un relato.	Escuchó un enorme ruido y después… bueno… después… ustedes ya saben lo que pasó.
		para dejar incompleta una frase cuyo final se sobrentiende:	A quien madruga…

		para indicar que una enumeración no ha terminado:	El público estaba compuesto de estudiantes, profesores, administradores...
		entre paréntesis o corchetes, para indicar la omisión de parte de un pasaje:	"*Chasqui* llamaban a los correos que había puestos por los caminos para llevar [...] los mandatos del rey y traer las nuevas y avisos que por sus reinos y provincias, [...], hubiese de importancia". (Inca Garcilaso de la Vega)
Signos de interrogación	¿ ?	Para indicar pregunta. Los vocativos se escriben fuera del signo del comienzo. Cuando van al final, se ponen dentro de los signos.	María, ¿sabes quién escribió *El Quijote*? ¿Sabes quién escribió *El Quijote*, María?
		Tras el signo de cierre puede ir cualquier otro signo de puntuación (coma, punto y coma, etc.) excepto un punto.	¿Cuántos de vosotros sabíais que la Guerra Civil Española terminó en el 1939?, inquirió la profesora.
Signos de exclamación	¡ !	Para indicar exclamación, admiración o un sentimiento fuerte.	¡Qué maravilla! ¡Están preciosos! "Por una mirada, un mundo, por una sonrisa, un cielo, por un beso... ¡yo no sé qué te diera por un beso!"(Bécquer)
		Son también utilizados en oraciones de una sola palabra (imperativos, locuciones, interjecciones).	¡Levántense! ¡Salud! ¡Ah!

		Los vocativos se escriben fuera del signo del comienzo.	Elena, ¡qué bien se ve usted hoy!
		Cuando van al final, se ponen dentro de los signos.	¡Qué bien se ve usted hoy, Elena!
		Tras el signo de cierre, puede ir cualquier otro signo de puntuación (coma, punto y coma, etc.) excepto un punto.	¡Qué extraordinaria escritora fue Sor Juana!, exclamó emocionada la estudiante después de leer su poema "Hombres necios que acusáis".
Comillas	" " o « »	Se usan para enmarcar la reproducción de citas textuales.	La novela *La casa de los espíritus*, de Isabel Allende, comienza con las siguientes palabras: "Barrabás llegó a la familia por vía marítima..." / «Barrabás llegó a la familia por vía marítima...»
		para señalar títulos de cuentos, películas, obras de arte, poemas, canciones, un capítulo de un libro o cualquier parte dependiente dentro de una publicación:	El cuento "El etnógrafo" fue escrito por Jorge Luis Borges.
		para señalar los pensamientos directos de un personaje al interior de una obra literaria narrativa:	El cirujano pensaba para sí: "cómo haré para comunicarle a su familia que ha muerto".

		para destacar los apodos, seudónimos y neologismos o palabras extranjeras dentro de un texto, o para marcar ironía o registro vulgar*: *En un periódico, en vez de comillas se usa la cursiva.	Julián, alias "el Tigre", era conocido por su "valentía". Siempre pedía lo mismo: "bread and butter".
Após-trofo	'	Se usa para citar al interior de una cita.	El título de su ensayo es "El compromiso social en el poema 'Ya van meses hijita' de Gioconda Belli".
		Se usa para indicar omisión de letras.	La obra *M'hijo el dotor* fue escrita por Florencio Sánchez.
Guión	-	Se usa para separar palabras en sílabas, una palabra al final de un renglón, fechas consecutivas, palabras compuestas.	a-ma-ri-llo 1914-1917 méxico-americanos
Raya	—	Se usa para introducir diálogos y para separar lo que no es parte del diálogo al interior de un texto.	—¿Ya habéis terminado? —les pregunté. —No —contestaron a coro—. Primero tuvimos que leer todos los periódicos.
		Se emplea para separar una observación corta que, aunque relacionada, desvía del texto principal. Esta observación podría también ponerse entre comas.	El mundo —ya lo dijo el escritor Ciro Alegría— es ancho y ajeno. El mundo, ya lo dijo el escritor Ciro Alegría, es ancho y ajeno.

Paréntesis	( )	Encierran una observación o aclaración larga relacionada, pero en cierto sentido, al margen del discurso principal.	En su libro no mencionaba a Zurbarán (pintor español del siglo XVII conocido por sus pinturas religiosas), pero le dedicaba todo un capítulo a Velázquez.
		Se usan para indicar la localización de un lugar poco conocido.	El campeonato mundial de "snowboarding" se realizará en Farellones (Chile).
		Se usan para encerrar números, cantidades y fechas.	Tienen que contestar quince (15) de las preguntas. Rosario Castellanos (1925-1974) es considerada una de las más destacadas escritoras mexicanas del siglo XX.
		Se usan para encerrar la referencia a una fuente al interior de un trabajo académico con una bibliografía al final. Se pone el apellido del autor y la página. Si el trabajo es menos formal y no lleva una bibliografía se pone el nombre del autor, la obra y la página.	"Vemos la historia a través de los ojos del protagonista". (Aveiro 4). "Vemos la historia a través de los ojos del protagonista". (José Aveiro *En el país de los tuertos* 4).
		para intercalar datos explicativos como fechas, lugares, o el nombre completo de una sigla:	Emilio Carballido (1925-2008) nació en Veracruz (México). La OEA (Organización de Estados Americanos) tiene cuatro idiomas oficiales: español, francés, inglés y portugués.

		para proponer opciones:	alto(a); altos(as)
Corchetes	[ ]	En los textos dramáticos, se usan para encerrar las acotaciones del autor o los apartes de los personajes.	(Herlinda va y da a la falda un feroz tirón hacia abajo). *Dora*: (Angustiada). No, doña Remedios. Le queda muy bien, muy elegante. (Carballido *El censo*).
		Se usan para añadir a un texto palabras que no son parte del original, pero que facilitan su comprensión.	Estamos de acuerdo con el doctor Rodríguez cuando dice que ellas [las escritoras contemporáneas]...
		para introducir alguna aclaración al interior de un enunciado entre paréntesis:	La literatura del "boom" (de la que, sin duda, *Cien años de soledad* [1967] de Gabriel García Márquez es un ejemplo representativo), contribuyó al reconocimiento internacional de los escritores latinoamericanos.
		Al interior de una cita, sirven para marcar una modificación al texto original.	Según la célebre investigadora, "[e]n su novela [*La amortajada*] María Luisa Bombal nos propone el cuestionamiento de la sociedad patriarcal [...] a través del silencio que sobreviene con la muerte".
		En periodismo, se utilizan para encerrar datos no recogidos por el periodista y que se añaden a un artículo	En esa ciudad, la mayoría de la población votó en las elecciones municipales [el 85%].

Aste-risco	*	Se emplea para remitir a una nota explicativa. En periodismo, se pone entre paréntesis (*)	Según las últimas estadísticas*... *Censo 2006 Según las últimas estadísticas (*)... (*)Censo 2006

Signos de puntuación

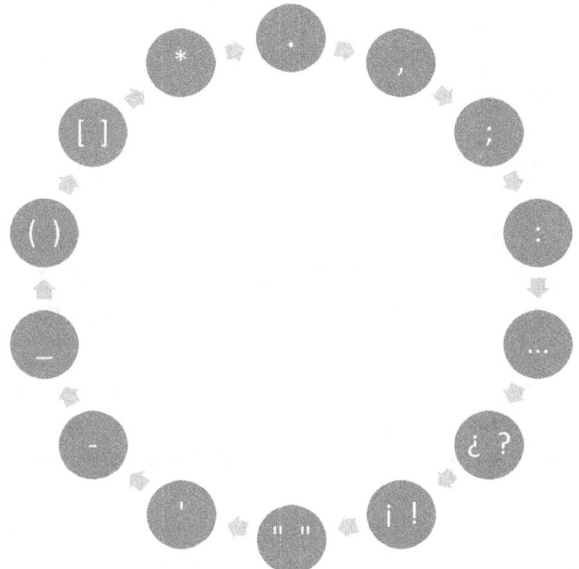

La importancia de la puntuación en la elaboración de textos comprensibles es capital. Si comparamos el lenguaje oral con el escrito notaremos que al hablar hacemos pausas o cambiamos la entonación para asegurarnos de ser entendidos por nuestro interlocutor. La puntuación tiene un rol similar en la escritura: sin ella nuestro mensaje carecerá de claridad. La ausencia de un punto, de un signo de interrogación, de una coma —o su incorrecta utilización— no solamente puede oscurecer el mensaje, sino desvirtuarlo completamente. En ocasiones, basta que falte una coma, para cambiar diametralmente lo que queremos decir: "No quiero ir contigo" significa completamente lo opuesto, de "No, quiero ir contigo".

Es entonces evidente que escribir bien y de manera comprensible implica mucho más que transcribir correctamente las palabras. Es necesario, además construir oraciones y párrafos que transmitan nuestros pensamientos e ideas de manera clara, precisa y organizada. Para lograrlo, el estudiar, comprender y aplicar las reglas básicas de puntuación y ortografía es un primer paso.

Veamos un ejemplo lleno de humor que refleja claramente la necesidad de utilizar la puntuación correcta para transmitir nuestro mensaje al escribir.

El testamento

Se cuenta que un señor, por ignorancia o malicia, dejó al morir el siguiente testamento sin signos de puntuación:

> Dejo mis bienes a mi sobrino Juan no a mi hermano Luis tampoco jamás se pagará la cuenta al sastre nunca de ningún modo para los jesuitas todo lo dicho es mi deseo.

El juez encargado de resolver el problema del testamento reunió a los posibles herederos, es decir, al sobrino Juan, al hermano Luis, al sastre y a los jesuitas y les entregó una copia del confuso documento con el objetivo de que le ayudaran a resolver el dilema. Al día siguiente, cada heredero aportó al juez una copia del testamento con signos de puntuación.

- Juan, el sobrino:
> "Dejo mis bienes a mi sobrino Juan. No a mi hermano Luis. Tampoco, jamás, se pagará la cuenta al sastre. Nunca, de ningún modo, para los jesuitas. Todo lo dicho es mi deseo".

- Luis, el hermano:
> "¿Dejo mis bienes a mi sobrino Juan? No. ¡A mi hermano Luis! Tampoco, jamás, se pagará la cuenta al sastre. Nunca, de ningún modo, para los jesuitas. Todo lo dicho es mi deseo".

- El sastre:
> "¿Dejo mis bienes a mi sobrino Juan? No. ¿A mi hermano Luis? Tampoco, jamás. Se pagará la cuenta al sastre. Nunca, de ningún modo, para los jesuitas. Todo lo dicho es mi deseo".

- Los jesuitas:
> "¿Dejo mis bienes a mi sobrino Juan? No. ¿A mi hermano Luis? Tampoco, jamás. ¿Se pagará la cuenta al sastre? Nunca, de ningún modo. Para los jesuitas todo. Lo dicho es mi deseo".

- El juez todavía pudo añadir otra interpretación:
> "¿Dejo mis bienes a mi sobrino Juan? No. ¿A mi hermano Luis? Tampoco. Jamás se pagará la cuenta al sastre. Nunca, de ningún modo, para los jesuitas. Todo lo dicho es mi deseo".

Así que el señor juez, ante la imposibilidad de nombrar heredero, tomó la siguiente decisión:

"... por lo que no resultando herederos para esta herencia, yo, el Juez me incauto de ella en nombre del Estado y sin más que tratar queda terminado el asunto".

(Recogido por Rogelio de la Morena, citado en *Página Cultural de Lena/Tsena*)

En el siguiente ejemplo les ofrecemos dos versiones del texto; ustedes deben proponer una tercera.

 Tres bellas que bellas son

Soledad, Julia e Irene, tres hermanas muy bonitas, eran pretendidas por un caballero, licenciado en letras, elegante y buen mozo. Era tan sabio nuestro héroe, o amaba tan poco, que había conseguido conquistar el corazón de las tres hermanas sin haberse declarado a ninguna.

Para salir de esta situación penosa, las jóvenes exigieron del joven que se decidiese, y él, acosado y comprometido, ofreció consignar en una décima el estado de su corazón con respecto a ellas, pero con la condición de que no había de estar puntuada, y autorizando a cada una de las muchachas a que la puntuase a su manera. La décima es la siguiente:

> Tres bellas que bellas son
> me han exigido las tres
> que diga de ellas cuál es
> la que ama mi corazón
> si obedecer es razón
> digo que amo a Soledad
> no a Julia cuya bondad
> persona humana no tiene
> no aspira mi amor a Irene
> que no es poca su beldad

Soledad, que abrió la carta, la leyó para sí, y dijo a sus hermanas:
-Hermanas mías, la preferida soy yo, o si no, oíd:

> Tres bellas, que bellas son,
> me han exigido las tres
> que diga de ellas cuál es
> la que ama mi corazón.
> Si obedecer es razón,

> digo que amo a Soledad;
> no a Julia, cuya bondad
> persona humana no tiene;
> no aspira mi amor a Irene,
> que no es poca su beldad.

Siento mucho desvanecer esta ilusión, hermana mía -dijo Julia-, pero yo soy la preferida, y en prueba de ello, escucha:
> Tres bellas, que bellas son,
> me han exigido las tres
> que diga de ellas cuál es
> la que ama mi corazón.
> Si obedecer es razón,
> ¿digo que amo a Soledad?
> No. A Julia, cuya bondad
> persona humana no tiene.
> No aspira mi amor a Irene,
> que no es poca su beldad.

-Las dos estáis engañadas -dijo Irene-, porque es indudable que a quien él ama de las tres soy yo.
> Tres bellas que bellas son
> me han exigido las tres
> que diga de ellas cuál es
> la que ama mi corazón
> si obedecer es razón
> digo que amo a Soledad
> no a Julia cuya bondad
> persona humana no tiene
> no aspira mi amor a Irene
> que no es poca su beldad

(Tomado de: R. Vilches Acuña.
Curiosidades literarias y malabarismos de la lengua)

 Para dominar la mecánica

Trabajo individual, corrección en grupo

Desgraciadamente, Irene olvidó poner la puntuación. Póngala probando que Irene es la preferida.

Hay diez signos de puntuación. Recuerde que los signos de interrogación de apertura y cierre cuentan por uno. (¿ ?)

Tres bellas que bellas son
me han exigido las tres
que diga de ellas cuál es
la que ama mi corazón
si obedecer es razón
digo que amo a Soledad
no a Julia cuya bondad
persona humana no tiene
no aspira mi amor a Irene
que no es poca su beldad

 **Puntaje 10 pts: esperado ☐ obtenido ☐**

Sin embargo, se dice que hay una cuarta interpretación, y es que el caballero, en realidad, consignó que no amaba a ninguna de las tres bellas. Búsquela.

Tres bellas que bellas son
me han exigido las tres
que diga de ellas cuál es
la que ama mi corazón
si obedecer es razón
digo que amo a Soledad
no a Julia cuya bondad
persona humana no tiene
no aspira mi amor a Irene
que no es poca su beldad

1. La oración

Las oraciones sirven para expresar nuestros pensamientos, ideas, emociones, sentimientos y preguntas, lo que no sólo está contenido en el significado de las palabras, sino indicado por los signos de puntuación. El colocar correctamente los signos de puntuación nos ayuda a darles la entonación precisa al leerlas en voz alta.

Se tiene la idea incorrecta de que la oración debe estar compuesta por un grupo de palabras, pero en realidad, basta una palabra que exprese un pensamiento **completo** e **independiente**, con **unidad** de entonación, para tener una oración completa.

Por ejemplo, un verbo conjugado, donde el sujeto está implícito constituye una oración: *Llegó*. (Él/Ella). Los mandatos son otro ejemplo de oraciones de una sola palabra, así como las interjecciones y las locuciones:

¡Venid!	¡Escuchen!	¡Pase!	¡Espérenme!
¡Alto!	¡Dios mío!	¡Cielos!	¿Cómo?

Sabemos que la primera palabra de una oración se escribe con mayúscula, sabemos que la oración se cierra con un punto final. Pero ¿cómo reconocer una oración, para poder cerrarla con un punto final?

Para reconocer una oración:
Cuando estamos frente a un grupo de palabras, ¿cómo saber si se trata de una oración completa? Es muy sencillo: si el conjunto de palabras **contiene un verbo conjugado se trata de una oración y lleva punto final.** *

<u>Para dominar la mecánica de la puntuación</u> debemos comenzar por lo básico. (oración)

<u>para reconocer una oración</u>   (grupo de palabras, no hay un verbo conjugado)

* Atención con las llamadas **oraciones nominales**, aquellas en que debido a la claridad del contexto se prescinde del verbo; en general, son parte de un diálogo o respuesta a una pregunta.
- ¿Por qué no viniste a clase?
- Porque estaba enfermo.
En lugar de: No vine porque estaba enfermo.

Otra forma de reconocer oraciones completas es analizando el grupo de palabras para establecer si tienen **sujeto** y **predicado**, o si se trata de una oración impersonal.

Para identificar el sujeto:

pregunte → ¿**Quién** realiza/padece la acción?

→ ¿**De quién** o **de qué** se habla?

o → Cambie el verbo a singular o a plural, según el caso, y la parte de la oración que cambie en número será el sujeto.

Para identificar el predicado:

pregunte → ¿Qué acción realiza/padece el sujeto?
→ ¿Qué se afirma del sujeto?

La oración puede ser **activa** y expresar una acción realizada por un sujeto, explícito o implícito en la desinencia (terminación del verbo); puede ser **pasiva** y expresar una acción padecida por el sujeto; puede servirse de un **verbo copulativo** para aseverar algo sobre el sujeto, o puede ser **impersonal**, es decir, no tener sujeto, y simplemente expresar acciones que no pueden ser realizadas por el hombre, o utilizar verbos como *ser*, *hacer* y *haber* en expresiones de tiempo.

Oración activa

El mendigo comió en silencio.

¿Quién comió en silencio?
→ El mendigo. (**sujeto**).

¿Qué hizo el mendigo?
→ Comió en silencio. (**predicado**).

Oración pasiva

Los judíos que no se convirtieron al cristianismo fueron expulsados de España en 1492.

¿Quiénes fueron expulsados de España en 1492?
→ Los judíos que no se convirtieron al cristianismo. (**sujeto**).

¿Qué les sucedió a los judíos que no se convirtieron al cristianismo?
→ Fueron expulsados de España en 1492. (**predicado**).

Pasiva refleja

La obra de García Márquez se conoce en todo el mundo.

¿Qué se conoce en todo el mundo?
→ La obra de García Márquez. (**sujeto**).

¿Qué se dice de la obra de García Márquez?
→ Que se conoce en todo el mundo. (**predicado**).

Oración con verbo copulativo

Los indígenas son de piel cobriza.

¿De quiénes se habla?
→ De los indígenas. (**sujeto**).

¿Qué se dice de los indígenas?
→ Se dice que son de piel cobriza (**predicado**).

Las **oraciones impersonales**, como dijimos, carecen de sujeto, bien sea por contener verbos relativos a fenómenos naturales (acciones que no pueden ser realizadas por el hombre) o por la presencia de los verbos *ser*, *hacer* y *haber* en expresiones de tiempo.

◆ **Ejemplos:**
- Hoy hace un sol radiante.
- Hubo una tormenta la semana pasada.
- En Santiago siempre llueve en esta época del año.
- Son las diez de la noche.
- En verano oscurece tarde.

Clasificación de las oraciones:

Como dijimos, las oraciones sirven para expresar nuestros pensamientos, ideas, emociones, sentimientos e interrogaciones, lo que no sólo está contenido en el significado de las palabras, sino indicado por los signos de puntuación. El colocar correctamente los signos de puntuación nos ayuda a darles la entonación precisa al leerlas en voz alta.

Dependiendo de lo que queramos expresar, las oraciones pueden ser clasificadas en:

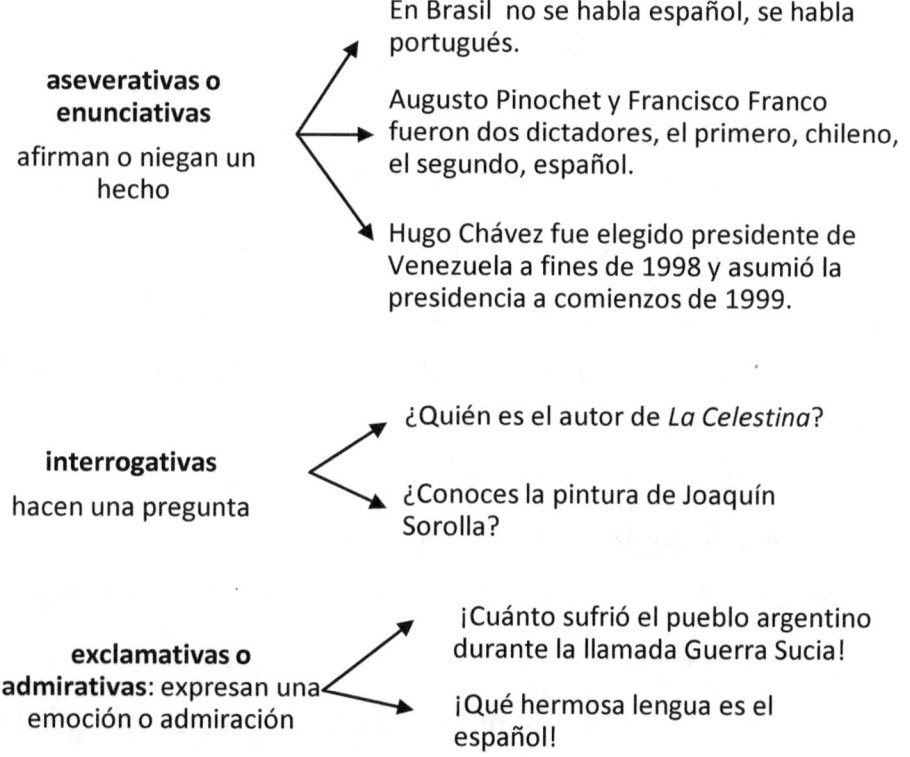

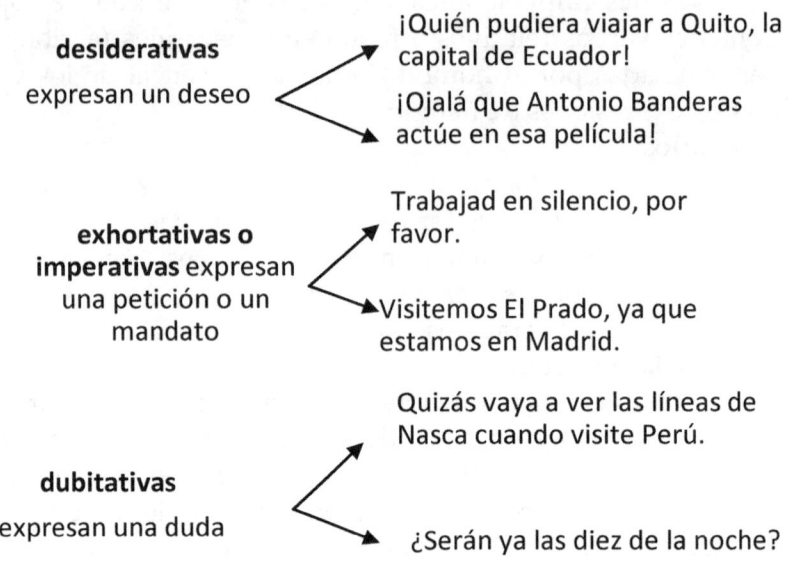

desiderativas expresan un deseo
- ¡Quién pudiera viajar a Quito, la capital de Ecuador!
- ¡Ojalá que Antonio Banderas actúe en esa película!

exhortativas o imperativas expresan una petición o un mandato
- Trabajad en silencio, por favor.
- Visitemos El Prado, ya que estamos en Madrid.

dubitativas expresan una duda
- Quizás vaya a ver las líneas de Nasca cuando visite Perú.
- ¿Serán ya las diez de la noche?

 Para dominar la mecánica

A. 1. Clasifique las siguientes oraciones en **aseverativas, interrogativas**, etc… siguiendo los ejemplos de la tabla anterior.

A. Trabajo y corrección individual. El profesor le entregará las respuestas.

1. "¡Dios mío, qué solos se quedan los muertos!" (Bécquer) _____

2. La *Gramática de la lengua castellana* de Antonio Nebrija, fue publicada en 1492. _____

3. ¿Cuántos millones de hispanohablantes hay en el mundo? _____

4. No estoy segura, ¿quizás unos 400 millones? _____

5. ¡Cuánto ganaría el mundo si todas las personas hablaran más de un idioma! _____

Puntaje 5 pts: esperado ☐ obtenido ☐

B. 1. Identifique las oraciones completas y póngales letra mayúscula al comienzo y punto final. Luego, indique qué les falta a las otras para constituirse en oraciones completas, y corríjalas.

B. Trabajo individual/revisión por pares. Conteste y luego, intercambie con un compañero(a) para su corrección. Recupere su libro. Una vez que el profesor(a) entregue las respuestas para verificación final, en la evaluación del ejercicio, anote cuántas de sus respuestas fueron correctas, y pregúntele al compañero(a) con quien intercambió el trabajo, cuántas de las correcciones que usted le hizo a él (ella), fueron acertadas, y anótelo.

1. un sol radiante

2. el Modernismo marcó un hito dentro de la historia de la literatura universal

3. mi deporte favorito fútbol

4. estudio español porque quiero ser profesora

5. entre otras ocupaciones, Borges fue profesor de inglés en Argentina

Puntaje 5 pts: esperado ☐ obtenido ☐
respuestas corregidas bien al trabajo de un compañero (a) ☐

B. 2. Ponga los **signos de interrogación o exclamación** correspondientes para hacer oraciones correctas.

B. Trabajo individual/revisión por pares

1. Qué alegría verte, María

2. -- Estaban todos presentes

   -- No, el secretario no pudo venir.

3. Váyanse

4. Ojalá que este año no tengamos huracanes
5. Qué te pareció la obra de Enrique Buenaventura

Puntaje 5 pts: esperado ☐ **obtenido** ☐

respuestas corregidas bien al trabajo de un compañero (a) ☐

C. 1. Escriba oraciones o preguntas utilizando los grupos de palabras a continuación. Debe añadir las palabras que falten (como preposiciones, artículos, conjunciones, etc.) para tener oraciones completas, y conjugar los verbos. Ponga también atención al uso de las mayúsculas. Siga el ejemplo.

C. Trabajo individual, corrección en grupo. Si hay desacuerdo sobre la respuesta, consulten el libro de texto, incluyendo sus apéndices gramaticales. Si el desacuerdo continúa, expóngalo en el momento en que se abra la discusión de trabajo de grupo a trabajo de salón.

♦ **Ejemplo:** península ibérica   conformar   españa   portugal
   <u>La Península Ibérica está conformada por España y Portugal.</u>

1. madrid   capital   España   Lisboa   Portugal
   _____

2. además   español   españa   hablar   catalán   gallego   euskera   occitano
   _____

3. españa   dividir   diecisiete   comunidades autónomas
   _____

4. gobierno   español   ser   monarquía   parlamentaria
   _____

5. 1808   napoleón bonaparte   invadir   españa
   _____

 **Puntaje 5 pts: esperado** ☐ **obtenido** ☐

2. Uso de la coma, el punto y coma, la raya, los paréntesis y los dos puntos. (Ver tabla completa: p. 19)

1. La **coma** indica una pausa corta para separar **elementos análogos** dentro de una oración.
2. El **punto y coma** señala una pausa mediana (mayor que la de la coma). En adición, enlaza **proposiciones o cláusulas más complejas**. De los signos ortográficos, el punto y coma es el más subjetivo pues su uso depende, en muchos casos, de la voluntad del autor.
3. La **raya**, además de introducir diálogos, se emplea para separar **una observación que desvía del texto principal**, observación que podría también ponerse entre comas.
4. Los **paréntesis** encierran una **observación o aclaración larga manifiestamente al margen** del discurso principal.
5. Los **dos puntos** se emplean para **introducir una enumeración** de carácter explicativo.

Para dominar la mecánica

A. 1. Añada las comas, punto y comas o dos puntos necesarios.

A. Trabajo y corrección individual.
1. Todo parecía estar en su lugar pero algo le decía que la realidad era otra.
2. Elena ¿cómo dijiste que se llamaba la más reciente película del cineasta mexicano Guillermo del Toro?
3. Su habitación estaba llena de flores chocolates regalos y tantas otras cosas que no puedo recordar.
4. Los estudiantes leyeron *Cien años de soledad* les pareció extraordinaria.
5. Muy señor mío

Puntaje 5 pts: esperado ☐ obtenido ☐

B.1. Añada las comas, punto y comas, dos puntos o paréntesis necesarios.

B. Trabajo individual/revisión por pares

1. A la base de la formación del pueblo español se encuentran tres grupos los iberos los celtas y los visigodos.
2. Al-Ándalus es el nombre dado al territorio de la Península Ibérica bajo

poder musulmán durante la Edad Media 711 - 1492.
3. Durante la Edad Media española se produjo un fenómeno único en que tres grupos con religiones diferentes católicos judíos y musulmanes vivían en relativa paz y con relativa tolerancia este momento histórico ha pasado a la historia como la época de la convivencia.
4. Con la victoria de la batalla de Covadonga 722 se inició el periodo denominado como la Reconquista este momento de la historia de España terminó en 1492 con la rendición del reino de Granada.
5. Cuenta la historia que como resultado de la Reconquista Boabdil rey de Granada lloró desconsolado la pérdida de su reino. "Llora como una mujer lo que no supiste defender como un hombre" cuenta la leyenda que le dijo su madre.

Puntaje 15 pts: esperado ☐ obtenido ☐
respuestas corregidas bien al trabajo de un compañero (a) ☐

B. 2. En el siguiente texto del novelista venezolano Rómulo Gallegos (1884-1969) fueron eliminados los **puntos suspensivos** y las **comas**.

B. Trabajo individual/revisión por pares

Tambor

Guaruras y carrizo del aborigen vencido se alejaron gimientes hacia las internadas selvas profundas y por la ruta de los ciclones en las sentinas de los barcos negreros vino el tambor africano.

Tam tam tam

Tambor de San Juan tambor de San Pedro tambor de la Virgen de Coromoto Allá se quedaron las divinidades bárbaras pero el alma pagana aquí también celebra con danzas sensuales las vísperas santificadas. Y es un grito del África enigmática el que estremece las noches de América.

Puntaje: 10 pts. esperado ☐ obtenido ☐
respuestas corregidas bien al trabajo de un compañero (a) ☐

> **C. 1.** Añada las comas, rayas, punto y comas y dos puntos necesarios.

C. Trabajo individual, corrección en grupo

1. Nos visitaron estudiantes de cinco países tres argentinos dos mexicanos cinco estadounidenses un puertorriqueño y seis chilenos.
2. Luis tenía todo para triunfar en la vida sin embargo no supo aprovecharlo.
3. Cancelaron la presentación de la película estoy seguro de que asistirá menos gente al congreso.
4. El estudiante anotó en su diario "Creo que no iré a tomar ese examen".
5. ¿Qué desea comer? Tenemos tacos de pollo de marisco empanadas ensalada y paella valenciana dijo el camarero.
6. El año pasado hubo muchos desastres naturales en todo el mundo inundaciones terremotos y tsunamis esperemos que este año tengamos mejor suerte.
7. En realidad no había nada más que hacer todo lo habíamos intentado.

 Puntaje 17 pts: esperado ☐ obtenido ☐

3. Uso de las mayúsculas

Se escriben con letra mayúscula:

los nombres propios de personas, animales, instituciones, organizaciones y entidades comerciales, y los nombres geográficos	Gabriel García Márquez; Fifí, Condorito; la Organización de Estados Americanos, la Biblioteca Nacional, la Ópera de París, la Cruz Roja, la Universidad de Sevilla, la Iglesia Católica, Tiendas Falabella, El Corte Inglés; La Habana, El Salvador, los Andes, el río Orinoco
*si el nombre genérico geográfico forma parte del nombre propio ambos van con mayúscula	Sierra Nevada, Río de la Plata
los apellidos; los apodos	Rodríguez; el Manco de Lepanto
las siglas	la OEA (Organización de Estados Americanos); TLC (Tratado de Libre Comercio)

las abreviaturas	Sr. Dra. Srta.
los títulos que hacen alusión a una persona en específico	la Presidenta (refiriéndose específicamente, por ejemplo, a Michele Bachelet); su Santidad; el Papa; el Rey
*No se usa letra mayúscula si los títulos van seguidos del nombre de la persona.	la presidenta Michele Bachelet; el papa Juan Pablo II
nombres y pronombres que hacen referencia a santos o divinidades, los nombres de libros sagrados y los nombres de los libros de la Biblia	San Antonio; Alá; la Santísima Trinidad; Dios; el Creador; la Santísima Virgen; el Mesías; la Purísima; la Inmaculada; en Él confío; la Biblia, el Corán; las Sagradas Escrituras; el Génesis
nombres comunes que se utilizan para designar a una persona en lugar del nombre propio, o para distinguirlo de su referencia a una entidad o colectividad institucional	Alfonso X, el Sabio; Alfonso V, el Magnánimo; la Iglesia (institución) la iglesia (edificio), Gobierno (conjunto de ministros), gobierno (acción de gobernar) (RAE)
los nombres abstractos personificados, utilizados alegóricamente y los nombres de conceptos religiosos	el Bien; el Mal; la Muerte; la Esperanza; el Infierno, el Paraíso
los nombres de fiestas religiosas, políticas o civiles	el Primero de Mayo; Año Nuevo; Navidad; Día de la Independencia; Día de la Raza
los nombres y adjetivos que hacen parte de los nombres de periódicos, revistas y otras publicaciones	*La Prensa*; *El País*; *Revista de Literatura*
la primera palabra de un título (Si el título contiene un nombre propio, éste se pone con mayúscula)	*Cien años de soledad* *El ingenioso hidalgo Don Quijote de la Mancha* *La maternidad en la obra de Isabel Allende*
los nombres de edades o épocas históricas;	la Edad Media, la época de la Reconquista, la época del Imperio

de acontecimientos o documentos históricos importantes; de acontecimientos deportivos o culturales; de movimientos artísticos o culturales; de premios y condecoraciones	romano*; la Revolución mexicana*, la Segunda Guerra Mundial, el Concilio Vaticano II, la Carta Magna; los Juegos Olímpicos; la Bienal de Venecia, el Festival de Cannes; el Romanticismo, el Barroco*; el Premio Cervantes; la Medalla al Valor * En el caso de Imperio… y Revolución…, el adjetivo que los acompañe se escribe con minúscula. * En el caso de movimientos artísticos o culturales, use mayúscula solamente en los que coinciden con periodos históricos de carácter internacional anteriores al siglo XX, incluyendo el Modernismo; en los posteriores, use minúscula (cubismo, simbolismo).
los nombres de los puntos cardinales y de los signos del zodíaco *No se escriben con letra mayúscula los nombres de puntos cardinales cuando indican orientación ni de los signos cuando designan genéricamente a quienes pertenecen a los signos.	El sol nace por el Este y se pone por el Oeste. al norte del pueblito al sur de la ciudad Piscis (Pez), Géminis (Gemelos), Libra (Balanza) Josefa, como todos los piscis, es muy soñadora.
los sustantivos que expresan poder político o público y que tienen un referente claro dentro del contexto	El Gobierno (del país o ciudad en cuestión) aumentó los impuestos a la propiedad. La noticia fue difundida por el Director. (de la compañía mencionada)
los números romanos	I; V; siglo XX

los nombres y adjetivos que hacen parte de asignaturas académicas, cátedras y disciplinas científicas cuando son utilizados en el contexto académico, cuando nos referimos a ellas como disciplinas de estudio y cuando se encuentran en los títulos de congresos, cursos o seminarios	Estudia en la Facultad de Humanidades. Tiene un Doctorado en Psicología. Estudia Matemáticas. El IV Congreso Internacional de Filosofía se celebró en San Juan, Puerto Rico.
*No use letra mayúscula al escribir los nombres de los días de la semana, los meses del año o las estaciones.	lunes; enero; primavera
*No use letra mayúscula al escribir los gentilicios (adjetivos de nacionalidad)	boliviano, argentino, cubano
*No use letra mayúscula al escribir los nombres de idiomas.	inglés, español, francés

 Para dominar la mecánica

A. 1. Ponga la **mayúscula** donde corresponda.

A. Trabajo y corrección individual

1. rodrigo díaz de vivar, el protagonista del poema épico *El cantar de mio Cid* era conocido como el cid campeador.
2. los escritores de comienzos del siglo XX no conocieron las ventajas del ordenador.
3. gioconda belli, escritora nicaragüense, publicó sus memorias, *el país bajo mi piel*, hace ya varios años.
4. nos gusta acampar en las montañas durante el verano; durante los meses de diciembre y enero, nos gusta ir a esquiar.
5. el portavoz del gobierno dijo que las elecciones se habían realizado en la mayor tranquilidad.

Puntaje 12 pts: esperado ☐ obtenido ☐

A 2. Ponga la mayúscula donde corresponda.

A. Trabajo y corrección individual

1. cuando estuvimos en europa, visitamos el louvre en parís, el vaticano en roma y la universidad complutense en Madrid.
2. el moribundo había vuelto a creer en dios como su único salvador.
3. cervantes, mejor conocido como el manco de lepanto, nació en alcalá de henares.
4. ¿quién no conoce a manuel benítez, el cordobés?
5. ramón, ¡qué maravilla volver a verte!

Puntaje 21 pts: esperado ☐ obtenido ☐

B. 1. Ponga o corrija **las mayúsculas** en los siguientes ejemplos. En la línea en blanco, explique su respuesta.

B. Trabajo individual/revisión por pares
Ejemplo: Inglés: inglés. En español, los nombres de idiomas no llevan mayúscula.

1. Abril y Mayo:
   _____

2. santiago (capital de Chile):
   _____

3. río de Janeiro (ciudad en Brasil):
   _____

4. las Cataratas del Iguazú:
   _____

5. el santísimo sacramento:
   _____

6. el romanticismo:
   _____

7. *El Coronel No Tiene Quien Le Escriba* (título de novela):
   _____

8. el Premio Nadal:

9. al este de Punta del Este:

10. Día de la Independencia:

Puntaje 10 pts: esperado ☐ obtenido ☐
respuestas corregidas bien al trabajo de un compañero (a) ☐

B. 2. En el siguiente texto fueron eliminados los dos puntos y los paréntesis, y faltan, o están mal puestas algunas mayúsculas. Corrija. (Si el mismo error se repite, cuenta sólo por un punto)

B. Trabajo individual/revisión por pares

 El modernismo

Aunque hubo otros poetas modernistas como José Martí y José Asunción Silva, se considera al poeta nicaragüense, Rubén Darío, el padre del modernismo. La publicación de dos de sus libros *Azul* 1888 y *Prosas Profanas* 1896 dieron, sin duda alguna, nacimiento y solidez a este importante movimiento artístico que cambió las reglas de juego del mundo literario de la época por ser el primero en surgir en latinoamérica. De ese momento en adelante, la literatura hispanoamericana dejó de mirar hacia los movimientos literarios Europeos buscando imitación, y comenzó a utilizar las influencias de estos mismos movimientos para crear modelo. Incorporó características del parnasianismo Francés: rechazo de los excesos emocionales del romanticismo y defensa del "arte por el arte", y de las corrientes simbolistas uso de símbolos que evocaban estados de ánimo y emociones y búsqueda de musicalidad en el verso, para darse un carácter único, mezclando lo clásico con lo moderno, lo nacional con lo extranjero o exótico y buscando la perfección en el estilo. Así, llegó a ser el primer movimiento literario que cruzaba el Atlántico en dirección contraria y se convirtió en modelo a imitar en Europa.

(Adaptado de: Priscilla Gac-Artigas, *Hoja de ruta, cultura y civilización de Latinoamérica* 4ta. Edición)

Puntaje 10 pts: esperado ☐ **obtenido** ☐

respuestas corregidas bien al trabajo de un compañero (a) ☐

C. 1. En el párrafo siguiente hay ocho (8) incorrecciones en el uso de las mayúsculas. Explique el porqué.

C. Trabajo individual, corrección en grupo.

El Caribe hispano

Solamente tres de las Antillas Mayores son de habla Hispana: Cuba, la República Dominicana (Que junto a Haití, conforma la isla de La Española) y Puerto Rico. cada una tiene un tipo de gobierno diferente: Cuba, cuya capital es la Habana, es una república socialista; la República Dominicana, cuya capital es Santo Domingo, es una república democrática y Puerto Rico, cuya capital es San Juan, es un Estado Libre Asociado de los estados unidos. En su calidad de Estado Libre Asociado, es decir, no una república independiente ni un estado de la unión Norteamericana, el primer mandatario en Puerto Rico es un gobernador, elegido por el pueblo Puertorriqueño, no un presidente, como en una república.

(Adaptado de: Priscilla Gac-Artigas, *Hoja de ruta, cultura y civilización de Latinoamérica* 4ta. edición)

1. _____
2. _____
3. _____
4. _____
5. _____
6. _____
7. _____
8. _____

Puntaje 8 pts: esperado ☐ **obtenido** ☐

C.2. Corrija la puntuación. Ponga los puntos, comas, dos puntos y rayas que han sido omitidos.

1. A medida que hablaba su rostro fue recobrando la serenidad. Levantó la jaula sin mirarla y se la dio a Baltasar. Llévatela en seguida y trata de vendérsela a quien puedas dijo Sobre todo te ruego que no me discutas.
(García Márquez "La prodigiosa tarde de Baltasar") [7 signos]

2. Señorita
A partir de hoy debe usted borrar mi nombre de la lista de sus admiradores. Tal vez convendría ocultarle esta deserción pero callándome iría en contra de una integridad personal que jamás ha eludido las exigencias de la verdad.
(Elena Poniatowska "Cine Prado") [3 signos]

3. … Como Ildara se inclinase para soplar y activar la llama observó el viejo cosa insólita algo de color vivo que emergía de las remendadas y encharcadas sayas de la moza…
(Emilia Pardo Bazán "Las medias rojas") [3 signos]

4. Ivo estaba muy orgulloso de esta distinción y por nada del mundo la hubiera cedido. Un día Mateo Heredia el más aplicado y estudioso de la escuela pidió encargarse de la tarea a todos nos fascinaba el misterioso interior de la torrecita, donde no entramos nunca y la señorita Leocadia pareció acceder.
(Ana María Matute "El árbol de oro") [7 signos]

5. Mis condiciones son tres a saber un sueldo de acuerdo a mis expectativas, alojamiento salubre y la misma alimentación que la familia.
(Alfredo Bryce Echenique *Un mundo para Julius*) [4 signos]

 **Puntaje 24 pts: esperado ☐ obtenido ☐**

C. 3. El siguiente es un pasaje del *Lazarillo de Tormes*, novela publicada de forma anónima en 1554 en España que dio origen al género picaresco. En el tercer y cuarto párrafos, fueron eliminados **algunos dos puntos** y **comas**. Añádalos. Para guiarlos, indicamos al final de cada párrafo la cantidad de signos que faltan.

Y porque vea Vuestra Merced a cuánto se extendía el ingenio de este astuto ciego contaré un caso de muchos que con él me acaecieron, en el cual me parece dio bien a entender su gran astucia. Cuando salimos de Salamanca, su motivo fue venir a tierra de Toledo, porque decía ser la gente más rica aunque no muy limosnera. Arrimábase a este refrán «Más da el duro que el desnudo». Y vinimos a este camino por los mejores lugares. Donde hallaba buena acogida y ganancia deteníamonos; donde no a tercero día hacíamos San Juan.

Acaeció que llegando a un lugar que llaman Almorox al tiempo que cogían las uvas un vendimiador le dio un racimo de ellas en limosna. Y como suelen ir los cestos maltratados y también porque la uva en aquel tiempo está muy madura desgranábasele el racimo en la mano. Para echarlo en el fardel, tornábase mosto, y lo que a él se llegaba. Acordó de hacer un banquete, así por no poder llevarlo, como por contentarme, que aquel día me había dado muchos rodillazos y golpes. Sentámonos en un valladar y dijo

-Agora quiero yo usar contigo de una liberalidad y es que ambos comamos este racimo de uvas y que hayas de él tanta parte como yo. Partillo hemos de esta manera tú picarás una vez y yo otra con tal que me prometas no tomar cada vez más de una uva. Yo haré lo mismo hasta que lo acabemos y de esta suerte no habrá engaño. **[tres comas, un dos puntos]**

Hecho así el concierto comenzamos; mas luego al segundo lance, el traidor mudó propósito y comenzó a tomar de dos en dos considerando que yo debería hacer lo mismo. Como vi que él quebraba la postura no me contenté ir a la par con él, mas aún pasaba adelante: dos a dos y tres a tres y como podía las comía. Acabado el racimo estuvo un poco con el escobajo en la mano, y, meneando la cabeza, dijo **[cinco comas, un dos puntos]**

-Lázaro, engañado me has. Juraré yo a Dios que has tú comido las uvas tres a tres.

-No comí -dije yo-; mas ¿por qué sospecháis eso?
Respondió el sagacísimo ciego:

-¿Sabes en qué veo que las comiste tres a tres? En que comía yo dos a dos y callabas.   (tomado de: *El Lazarillo de Tormes*)

Puntaje 10 pts: esperado ☐ obtenido ☐

D. Preguntas sobre el texto: Responda en oraciones completas. Conserve sus notas pues le serán de utilidad más adelante, en la sección sobre el comentario o explicación de texto.

D. Ejercicios alternativos: trabajo individual, discusión en clase

1. Resuma la anécdota de este pasaje. ¿Qué pacto establece el ciego con Lázaro, y quién es el primero en romperlo?

2. ¿Cómo sabe el ciego que Lázaro se ha comido las uvas de tres en tres? ¿Le parece acertada la suposición final del ciego? ¿Qué muestra esto de su personalidad? Describa a Lázaro basándose en el texto.

3. ¿Quién es el narrador? ¿Qué implicaciones puede tener en la historia la selección de este narrador?

4. Estudia el estilo del autor, tanto en el texto narrativo como en el diálogo. ¿Cómo lo describiría? ¿Es directo para presentar el mensaje, o se sirve de muchas figuras retóricas, imágenes sensoriales, o efectos especiales para mantener y crear suspense, etc...? ¿Qué ambiente permea la historia? (serio, humorístico, sarcástico, triste, etc...)

5. ¿Cuál es el tema del pasaje? ¿Considera usted que es un tema universal? ¿Considera que es un tema vigente en nuestros días?

6. ¿Por qué cree usted que el *Lazarillo de Tormes* se convirtió en un clásico de la literatura universal?

7. Escoja cinco palabras de vocabulario cuya significado desconozca y búsquelas en el diccionario. Luego, utilícelas en oraciones.

B. La ortografía

El español es uno de los idiomas más fáciles de transcribir pues a excepción de algunas sílabas específicas, es completamente fonético, es decir, se escribe como se pronuncia. Sin embargo, debido a variantes regionales en la pronunciación de ciertas consonantes, a veces experimentamos duda al escribir algunas palabras. Como la puntuación, la corrección ortográfica contribuye a la claridad de un texto. En esta sección haremos un resumen de las reglas esenciales para la transcripción ortográfica de ciertos sonidos fonéticos. Sin embargo, aconsejamos a los estudiantes, que más que memorizar las reglas, se familiaricen con los ejemplos. Ello les llevará a evitar los errores ortográficos al escribir.

1. Usos de *b* y *v*

La "b" y la "v" corresponden en español al mismo fonema: /b/, por lo que a veces es fácil confundirlas. Al no existir diferencia alguna en la pronunciación de ambas letras, resulta incorrecto pronunciar la "v" con un sonido labiodental. A continuación les ofrecemos algunas reglas generales sobre los usos de la "b" y de la "v". Es importante recordar que siempre se pueden encontrar excepciones a las reglas.

B Se escriben con *b*: las palabras que comienzan con: *bio* (vida), *biblio* (libro), *bi*, *bis*, *biz* (doble), *ben*, *bene* (bien), *bu*, *bus*, *bur*, *abo*, *abu*	biología; bibliófilo; Biblia; bisnieto; benefactor; buzo; burro; abogado; aburrido *Excepciones: *violeta, violar, vender, vencer, veneno, Venecia, venerable, venerar, venéreo, ventaja, ventana, ventarrón, vendaje, venganza, Venezuela, vida, viento, vientre, vienés, vino, víspera, vista* y otras que como éstas, no derivan de los prefijos indicados.
los sustantivos o adjetivos terminados en *bundo, bunda o bilidad*	vagabundo; furibunda; credibilidad *Excepciones: civilidad; movilidad
las terminaciones del imperfecto de los verbos terminados en ar	aba abas aba ábamos abais aban

todos los tiempos de los verbos terminados en *aber*, en *bir* y en *buir*, y sus compuestos	haber, saber, caber; escribir, recibir; contribuir *Excepciones: precaver, hervir, servir y vivir, y sus compuestos nombre; brisa; imposible; bufanda; burbuja; buscar; subasta
las combinaciones *mb, br, bl, bu, bur, bus* y *sub*	cambio; brocha; blanco; burro; buscar; subdirector
las combinaciones *bla, ble, bli, blo, blu* y *bra, bre, bri, bro, bru* (incluyendo los sufijos *able* e *ible*)	amable; sensible; alambre; brocado; bruma
y cualquier otro caso en que el sonido *b* preceda a otra consonante	obtener; obstrucción; obvio
V Se escriben con *v*:	
las palabras que empiezan con *vice* y *villa* y con las sílabas *ad, cla, di* y *pri*	vicealmirante; villano; adviento; clave; divino; privacidad *Excepción: dibujar y sus derivados
todas las formas del pretérito de los verbos andar, estar, tener, el presente del verbo ir y los verbos venir, ver, volver y sus compuestos o derivados	tuve, tuviste, tuvo, tuvimos; voy, vas, va; viene, vino; prevenir, prevengo; veo, visto; vuelvo, revuelves
las palabras que comienzan en *eva, eve, evi* y *evo*	evadir; evitar; evocar *Excepciones: ébano; ebanista
los sustantivos o adjetivos terminados en *ava, ave, avo, eva, eve, iva, ivo* o que lo contienen al interior de una palabra	cava; nave; nueve; cautivo; breve; elevarse *excepción: árabe y sus derivados

las terminaciones *ívoro* e *ívora*	herbívoro; carnívora *Excepción: víbora
las palabras en que el sonido /b/ va precedido de: *b, d* o *n*	subvención; advertir; conversar

Para dominar la mecánica

A. 1. ¿*b* o *v*? Complete con la letra que corresponda.

A. Trabajo y corrección individual

nie__la	sa__or	di__inidad
treme__undo	ama__ilidad	ca__ellera
agra__io	in__isible	in__ernal
desdi__ujado	__rasero	__romear
mue__les	ad__ertencia	hir__iendo
__roche	con__enir	ca__le
di__ujo	mo__erse	__rote
nue__o	sa__io	o__illo

Puntaje 24 pts: esperado ☐ obtenido ☐

B. 1. ¿Con *b* o con *v*? Empareje los homófonos de la izquierda con el sinónimo o la oración que le dé sentido a la derecha.

B. Trabajo individual/revisión por pares

1. _____ savia	a. metal
2. _____ bate	b. cilindro hueco
3. _____ bote	c. Abrázame, pero no me _____.
4. _____ bario	d. _____ los huevos para la torta.
5. _____ bienes	e. poeta
6. _____ tubo	f. arrojar algo al agua, al aire, a la basura
7. _____ vasta	g. propiedades
8. _____ beses	h. embarcación
9. _____ botar	i. amplia
10. _____ vate	j. jugo de las plantas

Puntaje 10 pts: esperado ☐ obtenido ☐

respuestas corregidas bien al trabajo de un compañero (a) ☐

B. 2. Una de las palabras de la columna de la izquierda es sinónimo o está relacionada con una de las de la derecha. Encuentre la pareja.

1. _____ descender	a. absorber
2. _____ rabioso	b. abogado
3. _____ exaltar	c. convenir
4. _____ rebelarse	d. subsanar
5. _____ chupar	e. sobrevivir
6. _____ acaecer	f. abollar
7. _____ acordar	g. alabar
8. _____ gritar	h. sublevarse
9. _____ jurisconsulto	i. furibundo
10. _____ hastiar	j. arrebatar
11. _____ rectificar	k. advenir
12. _____ fusionar	l. hervir
13. _____ subsistir	m. vociferar
14. _____ descubrir	n. aburrir
15. _____ axiomático	o. obedecer
16. _____ arrancar	p. combinar
17. _____ canjear	q. obvio
18. _____ acatar	r. cambiar
19. _____ bullir	s. bajar
20. _____ deformar	t. revelar

Puntaje 20 pts: esperado ☐ **obtenido** ☐

respuestas corregidas bien al trabajo de un compañero (a) ☐

B. 3. Ahora, hagan lo contrario, emparejen las palabras que expresen ideas opuestas. Utilice un diccionario.

1. _____ estimular	a. abundante
2. _____ ecuánime	b. reivindicar
3. _____ alabar	c. retribuir
4. _____ abdicar	d. vulnerable
5. _____ castigar	e. vehemente
6. _____ exiguo	f. extrovertido
7. _____ introvertido	g. cohibir
8. _____ invulnerable	h. culpabilidad
9. _____ macizo	i. benevolente
10. _____ cautivo	j. obstruir
11. _____ desistir, renunciar, abandonar	k. barato
12. _____ resistir	l. libre
13. _____ facilitar	m. turbio
14. _____ costoso	n. hábil
15. _____ inocencia	o. cobarde
16. _____ torpe	p. débil
17. _____ limpio	q. blasfemar
18. _____ malevolente	r. breve
19. _____ extenso	s. obedecer
20. _____ valiente	t. colaborar

Puntaje 20 pts: esperado ☐ **obtenido** ☐

respuestas corregidas bien al trabajo de un compañero (a) ☐

C. 1. Lea el siguiente poema del puertorriqueño José de Diego (1866-1918). Rellene los blancos con *b* o *v*.

C. Trabajo individual, corrección en grupo

En la brecha

¡Ah desgraciado, si el dolor te a__ate,

si el cansancio tus miem__ros entumece!

Haz como el árbol seco: re__erdece

y como el germen enterrado: late.

Resurge, alienta, grita, anda, com__ate,

__ibra, ondula, retruena, resplandece...

Haz como el río con la lluvia: ¡crece!

Y como el mar contra la roca: ¡ __ate!

De la tormenta al iracundo empuje,

no has de __alar, como el cordero triste,

sino rugir, como la fiera ruge.

¡Le__ántate!, ¡re__uél__ete!, ¡resiste!

Haz como el toro acorralado: ¡muge!

O como el toro que no muge: ¡em__iste!

 **Puntaje 11 pts: esperado** ☐ **obtenido** ☐

D. Relea el poema y conteste las preguntas. Conserve sus notas para la sección de la explicación o comentario de texto.

D. Ejercicios alternativos: trabajo individual, discusión en clase

1. ¿Qué significado tiene la palabra "desgraciado" dentro del contexto del poema? ¿A quién cree usted que se dirige la voz poética? ¿Cómo se llama

la figura retórica en la que el poeta le dirige la palabra directamente a alguien de quien no espera una respuesta?

2. En el primer cuarteto, el poeta da dos razones por las cuales una persona puede sentirse desgraciada. ¿Cuáles son, y qué consejos le da el poeta? Explique en sus propias palabras las imágenes utilizadas por el poeta para expresar sus ideas.

3. El segundo cuarteto y los dos tercetos insisten en lo que debe hacer el "desgraciado". ¿Qué tienen de particular esas tres estrofas en cuanto a la selección lexico-gramatical de las palabras que la componen? ¿A qué llaman al "desgraciado"?

_____
_____
_____
_____
_____
_____
_____
_____
_____
_____

4. ¿Podríamos decir que el poema representa los mandamientos para triunfar de la desgracia? Justifique su respuesta basándose en el poema. Ponga especial atención al modo al que pertenecen la mayoría de los verbos y al orden en que fueron organizados. ¿Cree usted que el poema llama a la acción? Explique.

_____
_____
_____
_____
_____
_____
_____
_____
_____

5. ¿Tiene el poema un tono optimista o pesimista? Justifique su respuesta.

6. Hable sobre la estructura del poema: ¿qué tipo de poema es?, ¿tiene rima?, ¿qué tipo de rima?, ¿cuál es la métrica?

6. Busque información sobre José de Diego, y a la luz de lo que descubra, explique el significado del título del poema.

2. Usos de la c, s y z

C
Se escriben con c:

los diminutivos terminados *cito, cita; ecito, ecita; cecito cecita; cillo, cilla*	pececito; pobrecita; manecilla *excepciones: diminutivos de sustantivos que contienen la letra "s": mesita; casita
los sustantivos o adjetivos terminados en *ancia; encia; incia; oncia; uncia; uncio*	estancia; inocencia; nuncio *excepto ansia
los plurales de sustantivos o adjetivos terminados en *z*	lápices; felices
los verbos terminados en *cer, cebir, ceder, cir, ciar*	comerciar; acceder; concebir *excepto: ser, coser, toser, asir
los sustantivos terminados en *acia, icio, icia, ción* *Recuerde que la *c* frente a la *a*, a la *o* y a la *u* (*ca, co, cu*) tiene el sonido de [k]. Frente a la *e* y la *i* esos sonidos se escriben *que* y *qui* en los que la *u* es siempre muda. Hay muy pocas palabras en que esos sonidos se escriben con *k* como es el caso de kepis y kilo.	aristocracia; precipicio; ictericia; emoción Carlos; colegio; Cuba **que**so; pa**qui**staní

S
Se escriben con s:

los adjetivos terminados en *oso* y *osa*	hermoso; curiosa
los superlativos *ísimo* e *ísima*	excelentísimo; hermosísimo
los gentilicios terminados en *ense*	costarricense
las terminaciones *asta, ismo* e *ista*	entusiasta; optimismo; pesimista

las terminaciones *esco, esca; isco* y *usco*	burlesco; mordisco; molusco
Z **Se escriben con *z*:**	
los aumentativos y palabras que indican golpe terminadas en *azo* y *aza*	perrazo; golpetazo; casaza
los sustantivos o los diminutivos y despectivos terminados en *zuelo* y *zuela*	zarzuela, cazuela; mozuelo; mozuela
las terminaciones *az, ez, eza, izo* y *za*	rapaz; niñez; torpeza; plomizo; castiza
los verbos terminados en *izar*	generalizar, organizar, suavizar
Añada una z a la primera persona singular del presente indicativo, las formas del presente de subjuntivo y las formas del imperativo (excepto la forma de *tú* y de *vosotros* en afirmativo) de los verbos terminados en una vocal + *cer* o *cir*	agradecer, conocer, establecer, merecer, nacer, obedecer; conducir, introducir, producir, traducir conozco; produzca; ¡Obedezcan!

Para dominar la mecánica

A. 1. ¿*c, s* o *z*? Complete con la letra que corresponda.

A. Trabajo y corrección individual

diploma__ia	a__pa	hojara__ca	parente__co
anali__ar	apocalip__i__	oja__os	tena__
viude__	precipi__io	importantí__imo	lápi__es
experien__ia	plomi__o	niñe__	suavi__ar
pluma__o	democra__ia	raí__es	elegan__ia

| cono__co | armoni__ar | con__ien__ia | columni__ta |

Puntaje 24 pts: esperado ☐ obtenido ☐

B. 1. Los siguientes pares de palabras son homófonos (palabras de igual pronunciación, pero de ortografía y significado diferente). Complete los blancos con la palabra que le dé sentido a la oración.

B. Trabajo individual/revisión por pares

tasa/taza

1. Me sirvieron café en una _____ de porcelana china.

2. El Banco Central aumentó la _____ de interés de 5.25 a 5.55 %.

risa/riza

3. Su madre siempre le _____ los cabellos.

4. La _____ es un remedio infalible contra la depresión.

masa/maza

5. Lo golpearon con una enorme _____ y lo dieron por muerto.

Puntaje 5 pts: esperado ☐ obtenido ☐

respuestas corregidas bien al trabajo de un compañero (a) ☐

C. 1. Lea el siguiente poema de Gabriela Mistral, chilena (1889-1957) y rellene los blancos con *c*, *s*, o *z*.

C. Trabajo individual, corrección en grupo

La mujer fuerte

Me acuerdo de tu ro__tro que __e fijó en mis días,

mujer de __aya a__ul y de to__tada frente,

que en mi niñe__ y __obre mi tierra de ambro__ía

vi abrir el __urco negro en un abril ardiente.

Al__aba en la taberna, honda la copa impura

el que te apegó un hijo al pecho de a__u__ena,

y bajo ese recuerdo, que te era quemadura,

caía la __imiente de tu mano, __erena.

__egar te vi en enero los trigos de tu hijo,

y sin comprender tuve en ti los ojos fijos,

agrandados al par de maravilla y llanto.

Y el lodo de tus pie__ todavía be__ara,

porque entre __ien mundanas no he encontrado tu cara

¡y aun te __igo en los __urcos la __ombra con mi canto!

Puntaje 21 pts: esperado ☐ obtenido ☐

D. 1. Relea el poema "La mujer fuerte" y conteste las preguntas. Conserve sus notas para la sección sobre la explicación o comentario de texto.

D. Ejercicios alternativos: trabajo individual, discusión en clase

1. ¿A quién se dirige el yo poético? ¿Cómo lo sabemos? Sustente su respuesta en con ejemplos del poema.

_____
_____
_____
_____
_____
_____
_____

2. Resuma en sus propias palabras la historia narrada en el poema. ¿Quiénes son los personajes? ¿Qué pasó entre ellos?

3. Describa los dos personajes basado en las imágenes poéticas utilizadas por Mistral, como por ejemplo, que lleva una "saya azul", que es "de tostada frente" y que la vio "abrir el surco negro en un abril ardiente"? Busque otras imágenes en las siguientes estrofas y trate de descifrar lo que la poeta nos quiere decir de estos personajes.

4. Identifique algunas figuras retóricas y explíquelas: metáfora, símil, paradoja, etc.

5. Explique, a la luz del poema, en qué sentido esta "mujer fuerte" rechaza la experiencia sexual que le dejó un hijo y cómo cambia su condición de mujer en el hogar dependiente de un hombre a una de cierta independencia.

6. En este poema, Mistral eleva a esta mujer a un nivel divino al compararla a la Virgen María. Busque en el poema claves que muestren esta comparación.

7. Comente: ¿Qué siente el yo poético por esta "mujer fuerte"?

8. Comente sobre la estructura del poema, la rima y la métrica.

_____
_____
_____
_____
_____
_____
_____

9. Busque información sobre Gabriela Mistral y opine: ¿cómo cree usted que este poema se inserta dentro del trasfondo histórico y cultural de la época?

_____
_____
_____
_____
_____
_____
_____
_____
_____
_____

10. Comente el título del poema.

_____
_____
_____
_____

3. Usos de la *g* y la *j*

G Se escriben con *g*:	
las terminaciones *gélico, gésimo, gético, gio, gia, gía, gío, ginoso, gionario, gírico, giénico, gismo, inge, ígera, ígero, ógica, ógico*	evangélico; vigésimo; energético; colegio; logia, biología; oleaginoso; correligionario; neologismo antihigiénico; teologismo; esfinge; pedagógico *excepciones: espejismo; apoplejía; bujía; formas del verbo crujir; herejía; paradójico; salvajismo
las palabras que comienzan con *geo, in, leg*	geografía, geometría; ingerir; legible, legítimo *excepción: injerto y sus derivados
los verbos cuyos infinitivos terminan en *ger, gir, igerar*	emerger; elegir; aligerar *excepciones: tejer y crujir
las combinaciones *gen, ger, ges* y *gin*	general; geriatría; gestos *excepciones ajeno, berenjena, comején, jengibre; jerga; jinete y sus derivados
*Recuerde que en las sílabas *gue* y *gui* la u no se pronuncia a menos que lleve encima una diéresis o crema	Mayagüez; nicaragüense; vergüenza
J Se escriben con *j*:	
las palabras que comienzan en *eje*	ejecutar
las terminaciones *aje, ije, uje, je, jero, jera, jería, jear*	garaje; cajero; consejería; cojear

	*excepciones: agencia; agente; agenda; ambages; auge; belígero; beligerante; cónyuges; flamígero; ligero
el pretérito de los verbos conducir, decir, maldecir, producir, reducir, traducir y traer, y sus compuestos	conduje; dijiste; maldijo; produjimos; redujisteis; tradujeron; se reprodujeron
la primera persona singular del presente indicativo, las formas del presente de subjuntivo y las formas del imperativo (excepto la forma de *tú* y de *vosotros* en afirmativo) de los verbos terminados en *ger*	yo recojo; que yo recoja; ¡Recoja!
las sílabas *ja, jo y ju*	jamás; hijo; juvenil
los derivados de los verbos aconsejar, avejentar, objetivar	consejo; viejo, vejez; objeto ; subjetivar
el sonido [j] al final de una palabra	reloj

Para dominar la mecánica

A. 1. ¿g o j? Complete con la letra que corresponda.

A. Trabajo y corrección individual

á__il	reco__an	nostal__ia	prodi__ioso
larin__e	carrua__e	a__etreo	reco__imos
espiona__e	e_e	ima__en	__amón
reco__er	__eografía	per__udicial	vi__ilar
__erundio	ob__etivo	e__ército	__inete
tra__eron	ciru__ía	pre__uicio	vesti__io

Puntaje 24 pts: esperado ☐ obtenido ☐

B. 1. Complete con la **forma correcta del verbo** que mejor sentido le dé a la oración. Puede escoger de entre los verbos siguientes: acoger, escoger, decir, dirigir, maldecir, predecir, producir, proteger, recoger, reducir, traducir, traer.

B. Trabajo individual/revisión por pares

1. Fray Bartolomé de las Casas _____ a los indígenas del maltrato que sufrían por parte de los españoles.

2. El acusado _____ al jurado que lo condenó prejuiciadamente pues estaba claro que él era inocente.

3. En América no había caballos; los _____ los españoles.

4. (Yo) _____ el presupuesto anual de la compañía para poder afrontar la situación de crisis económica.

5. La adivina _____ que la situación económica mejoraría en un par de años.

Puntaje 5 pts: esperado ☐ obtenido ☐

respuestas corregidas bien al trabajo de un compañero (a) ☐

C.1. Lea los siguientes versos del poeta cubano José Martí (1853-1895) y llene los blancos con **g** o **j**.

C. Trabajo individual, corrección en grupo

Poema I

     Rápida, como un refle__o,
     Dos veces vi el alma, dos:
     Cuando murió el pobre vie__o,
     Cuando ella me di__o adiós.

     Temblé una vez - en la re__a,
     A la entrada de la viña,-
     Cuando la bárbara abe__a
     Picó en la frente a mi niña.

…

Si dicen que del __oyero
Tome la __oya me__or,
Tomo a un ami__o sincero
Y pon__o a un lado el amor.

…

Yo he puesto la mano osada,
De horror y __úbilo yerta,
Sobre la estrella apa__ada
Que cayó frente a mi puerta.

Puntaje 12 pts: esperado ☐ **obtenido** ☐

D. 1. Relea los versos de José Martí. Busque información sobre la vida y obra del poeta, en particular sobre la colección *Versos sencillos*, de la que estos versos hacen parte, y conteste las siguientes preguntas.

D. Ejercicios alternativos: trabajo individual, discusión en clase

1. ¿Qué temas de la poesía de Martí están presentes en estos versos?
_____
_____
_____
_____
_____
_____

2. Comente sobre la estructura de los versos y sobre la rima.
_____
_____
_____
_____
_____
_____

3. Comente sobre el lenguaje y las imágenes poéticas y sensoriales utilizadas por Martí.

_____
_____
_____
_____
_____
_____

4. ¿Cómo se relaciona el título de la colección con los versos?

_____
_____
_____
_____

4. Usos de la *h*

H Se escriben con *h*:	
las palabras que comienzan con los sonidos vocálicos *ia, ie, ue, ui* y *um*	hielo; hueco, huevo, hueso; Huidobro; humedad *excepciones: los derivados de hueco, huérfano, hueso y huevo (oquedad, orfandad, osamenta, ovalado)
todas las formas del verbo haber y del verbo hacer y sus compuestos	he, hemos, hay, hubo, había hago, hice; deshago, deshice
los prefijos *hecto, hepta, hexa, hemi, hetero, hidro, higro, hiper, homo*	hectómetro; hexagonal; hemiciclo; heterogéneo; hidrógeno; hiperactivo; homosexual

las palabras que empiezan con *her* y *hor*	hermandad; hortiga *excepciones: ermita, ermitaño, ornamentar y sus derivados
algunas interjecciones	hola, ah, eh, oh, huy

 Para dominar la mecánica

A. 1. ¿Con h o sin h? Complete los blancos con **h** cuando sea necesario.

A. Trabajo y corrección individual

__ueso	__ielo	__omogéneo	__óvalo
__acemos	__orfelinato	__aya (niñera)	__uerta
__examen	__echo (hacer)	__ombre	__oler
__osco	des__acer	__osario	to__alla
__eterogéneo	__ilo	__ielo	__ueco
__ervir	__erramienta	__ubo	ad__erir
__elado	__amor	__ierro	__ermoso

Puntaje 28 pts: esperado ☐ obtenido ☐

B. 1. ¿Con h o sin h? Complete con la palabra que le dé sentido a la oración. En algunos casos tendrá que modificar la palabra. Por ejemplo, si se trata de una forma verbal, utilice la forma o el tiempo correcto; si se trata de un sustantivo, haga la concordancia en número, etc.

B. Trabajo individual/revisión por pares

aprehender/aprender

1. Vamos a la escuela para _____.

2. Ayer _____ a los ladrones.

ora/hora

3. ¿Qué _____ es?

4. El pastor de la iglesia evangélica _____ por los enfermos de su comunidad todos los días.

abría/habría

5. Era ella quien siempre _____ la puerta cuando yo la visitaba.

6. _____ que ir a recogerla al aeropuerto, de otro modo, no podrá llegar; hay programada una huelga de metros y autobuses para mañana.

a/ha

7. Mi padre _____ viajado mucho.

8. El año pasado visitó _____ sus padres, mis abuelos, que viven en Uruguay.

ola/hola

9. El surfista tomó una _____ de seis pies.

10. Ayer pasé por su casa y le dije _____.

Puntaje 10 pts: esperado ☐ obtenido ☐
respuestas corregidas bien al trabajo de un compañero (a) ☐

C. 1. El siguiente es un breve pasaje de las memorias del poeta chileno Pablo Neruda, *Confieso que he vivido*, en el que hay diez (10) errores en el **uso de la h,** los que por supuesto, no cometió el poeta. Corríjalos.

C. Trabajo individual, corrección en grupo

Confieso que he vivido

Ay que hacérselo saber para que no nos crean indiferentes y para que no sufran por hello. De aí que yo le aya puesto a la Charito esos letreros que le harán más fácil comprender su estado actual de difunta.

Pero el hombre de la cabeza gris me creía tal vez demasiado vivo. Comenzó ha vigilar mis entradas y salidas, ha reglamentar mis visitas femeninas, ha espiar mis libros y mi correspondencia…

Tuve que buscar en pleno hinvierno, dando tumbos, por las calles hostiles, un nuevo halojamiento donde halbergar mi amenazada independencia.

 Puntaje 10 pts: esperado ☐ obtenido ☐

5. Usos de la *ll* y la *y*

Ll Se escriben con *ll*:	
las terminaciones *allo, ello, ella; illo, illa* y *llir*	caballo; cabello; amarillo; camilla; bullir
algunos adverbios de lugar	allí, allá, allende
la mayoría de las palabras que comienzan con *fa* y *fo*	fallecer; folleto

Y	
Se escriben con *y*:	
los plurales de los sustantivos terminados en *y*	bateyes; mameyes; leyes
las combinaciones *yec*, *yer* y *yes*	trayecto; ayer; yeso
las palabras que empiezan con *ad*, *dis* y *sub*	adyacente; subyugar; disyuntivo
la tercera persona del pretérito (singular y plural) y del imperfecto de subjuntivo de los verbos terminados en *aer*, *eer* y *uir*, así como del verbo *oír*	cayó, creyeron, concluyó, oyeron; cayera, creyeras, concluyera, oyéramos

 **Para dominar la mecánica**

A. 1. ¿*ll* o *y*? Complete con la letra que corresponda.

A. Trabajo y corrección individual

came__o	colmi__o	ma__oría	__ate
cabe__o	vaini__a	casti__o	cordi__era
ca__e	orgu__o	cuchi__o	bu__a
semi__a	panta__a	estre__a	su__o
mi__a	ma__or	chiqui__a	si__a
esta__ido	a__udar	fa__ar	__ermo

Puntaje 24 pts: esperado ☐ obtenido ☐

B. 1. En las oraciones siguientes hay errores en el uso de la **ll** y la **y**. Corríjalos.

B. Trabajo individual/revisión por pares

1. Isabel de Castiya y Fernando de Aragón son mejor recordados como los Relles Católicos.
2. Seviya y Granada son dos provincias españolas en Andalucía.
3. Los techos de la Capiya Sixtina fueron pintados por Miguel Ángel.
4. Los taínos hacían una especie de pan de harina extraída de la lluca al que yamaban casabe.
5. Dice la Biblia que Dios creó a la mujer de la costiya del hombre.

Puntaje 7 pts: esperado ☐ **obtenido** ☐

respuestas corregidas bien al trabajo de un compañero (a) ☐

C. 1. ¿**ll** o **y**? Homófonos. Llene los blancos con la palabra que complete correctamente la oración. En caso de duda, consulte el diccionario.

C. Trabajo individual, corrección en grupo

callado-cayado

1. El pastor caminaba apoyado en su _____
2. El niño estuvo completamente _____ durante la función.

callo-cayo

3. El pobre hombre tenía un inmenso _____ en el pie lo que le producía un dolor espantoso.
4. _____ Largo es un paraíso de vacaciones localizado al sur de Cuba.

calló-cayó

5. El gato se _____ por la ventana de la sala.
6. Como resultado de aquella trágica experiencia, el niño dejó de hablar, _____ para siempre y nunca más recuperó la voz.

olla-hoya

7. Utilizaron una _____ para cocinar los vegetales.

8. Fue tanta la lluvia que la _____ en medio del valle se llenó de agua.

Puntaje 8 pts: esperado ☐ obtenido ☐

6. Usos de la *m* y la *n*

M **Se usa *m*:**	
siempre, frente a la *b*, la *p* y la *n*	imborrable; imperdonable; alumno
excepto después de los prefijos: *in, en* y *con*	innovar; ennoblecer; connivencia
*Unas pocas palabras siguen esta regla aunque la combinación no esté en el lugar de un prefijo	perenne; sinnúmero
al final de palabras extranjeras sobre todo latinismos	álbum; currículum
N **Se usa *n*:**	
siempre, frente a las otras consonantes, incluyendo la m	concatenar; condenar; infinito; congénito; inhalar; conjetura; insostenible; enredadera; intocable; invisible; inmortal

Para dominar la mecánica

A. 1. ¿*m* o *n*? Escriba la letra que corresponda.

A. Trabajo y corrección individual

i__vocar	e__fermo	co__mutar	referéndu__
i__mediato	so__nífero	a__nistía	vademécu__
a__plio	bio__bo	desiderátu__	a__nesia
i__moral	tóte__	i__miscuir	o__nisciente
i__material	calu__nia	o__nipotencia	i__molar
ultimátu__	i__negociable	íde__	o__bligo

Puntaje 24 pts: esperado ☐ obtenido ☐

B. 1. En las oraciones siguientes hay errores en el uso de la **m**, y la **n**. Corríjalos.

B. Trabajo individual/revisión por pares

1. Desde lo alto, la muchedunbre parecía un emjambre de abejas enlutadas.
2. Los combatientes mostraban sus cuerpos enjutos de tantos meses pasados en el canpo de batalla sin comer o dormir.
3. El cielo se emnegreció como de tormenta.
4. El filántropo se granjeó las sinpatías de los asistentes a la subasta.
5. Es inperioso immunizar a los infantes para protegerlos.

Puntaje 7 pts: esperado ☐ obtenido ☐
respuestas corregidas bien al trabajo de un compañero (a) ☐

C. 1. Empareje. Busque en un diccionario las palabras que no conozca.

C. Trabajo individual, corrección en grupo

1. _____ corromper	a. inaceptable
2. _____ confabulación	b. connubio
3. _____ matrimonio	c. desenmarañar
4. _____ lo mismo	d. omnipotente
5. _____ indulto, perdón	e. ídem
6. _____ inadmisible	f. sonámbulo
7. _____ todo lo puede	g. desiderátum
8. _____ descifrar	h. envilecer
9. _____ camina dormido	i. amnistía
10. _____ objeto de gran deseo	j. connivencia

Puntaje 10 pts: esperado ☐ obtenido ☐

C. 2. Escoja cinco (5) palabras de las anteriores y escriba oraciones originales.

1. _____

2. _____

3. _____

4. _____

5. _____

Puntaje 10 pts: esperado ☐ obtenido ☐

7. Usos de la *r* y la *rr*

R / RR	
la *r* tiene un sonido vibrante simple cuando se encuentra entre dos vocales, como letra final y entre vocal y consonante	arena, garaje; cantar, decir, leer; árbol; cerca
la *r* tiene un sonido vibrante múltiple al comienzo de una palabra, después del prefijo *sub* y después de las consonantes *l, n* y *s*	alrededor; Henríquez; honrado; sonrisa; subrayar
la grafía *rr* se usa para marcar el sonido vibrante múltiple cuando éste se encuentra entre dos vocales	arroz; perro; puertorriqueño; costarricense *¡Atención! Las siguientes, son palabras diferentes: careta — carreta caro — carro coro — corro encerar — encerrar pera — perra pero — perro

 Para dominar la mecánica

A. 1. ¿*r* o *rr*? Corrija la ortografía en las siguientes palabras cuando sea necesario. Si no está seguro, consulte el diccionario.

A. Trabajo y corrección individual

Maruecos	prrohibir	subrrogar
alrrededor	enrredado	Raquel
rrobar	ruinas	arruinar
arasar	correo	cerreza
cigarillo	Isrrael	desrizar
irreal		

Puntaje 16 pts: esperado ☐ obtenido ☐

© Todos los derechos reservados. Su reproducción es ilegal

B. 1. *¿r, o rr?* Complete con la letra que corresponda.

B. Trabajo individual/revisión por pares

__ope__o	ate__izaje	ba__aja	fu__ibundo
bu__o	cantu__ear	ca__uaje	temblo__oso
ca__ne__o	de__iba__	eb__io	f__ágil
e__adica__	fa__sante	ga__apata	p__agmático
jíba__o	p__ó__oga	p__efacio	soca__ón
ma__oquí	he__ejía	jo__oba	p__esupuesto
co__eo	ca__acterísticas	f__ondoso	ho__or

Puntaje 28 pts: esperado ☐ obtenido ☐

respuestas corregidas bien al trabajo de un compañero (a) ☐

C.1. Corrija los errores en la utilización de la **r** y la **rr** en las siguientes oraciones.

C. Trabajo individual, corrección en grupo

1. Las carreteras de Maruecos están llenas de caros a toda hora. El trráfico es infernal.
2. La policía lo interogó frente al corresponsal del periódico.
3. Los contrarevolucionarios atacaron el cuartel de los rebeldes.
4. El vicerector de la universidad se dirigió a los estudiantes de derecho.
5. Es prerogativa del profesor decidir si los alumnos pueden usar los libros en los exámenes.

Puntaje 7 pts: esperado ☐ obtenido ☐

Para dominar la mecánica: **ejercicios de sección**

A. 1. Lea cuidadosamente las siguientes oraciones y corrija los errores de ortografía que encuentre. ¡Ojo! En algunas puede haber más de un error; otras pueden estar completamente correctas.

A. Trabajo y corrección individual

1. El estudiante a terminado el examen en el tiempo previsto.
2. Hoy en día, gracias ha las cámaras digitales, no es necesario rebelar las fotos.
3. Este mes ya ha llovido cinco veces.
4. ¿Tienes algún parentezco con Penélope Cruz? Lo pregunto, como ambos tienen el mismo apellido...
5. La mayoría de los profesores pertenece al sindicato.
6. ¿Hayaste los libros que buscabas?
7. No creo que sea necesario que vayamos a ver al médico; ya me siento mucho mejor.
8. El hecho que nos interesa discutir en estos momentos es la importancia de García Márquez dentro de la literatura no sólo latinoamericana, sino universal.
9. ¿Haz leído algún poema de Pablo Neruda? Seguro que quedarás fascinado.
10. Marta, ¿le hechaste agua a la planta?
11. Mañana vamos ha visitar a nuestros abuelos; el abuelo se calló por las escaleras de la casa y tiene una pierna rota.
12. El garage está cerrado, tienes que dejar el auto frente a la casa.
13. ¿Recojiste los remedios en la farmacia? Te degé un mensage con tu mamá; ya están listos.
14. Llevaba puesto un vestido rallado muy ajustado a su cuerpo.
15. Ese siyón parece muy comfortable.
16. Es una niña con un bagaje cultural asombroso para su edad.
17. Le invitaron ha escribir un artículo sobre ese tema para un número especial de la revista.
18. ¡Me encanta el hüacamole!
19. Los costarrisenses hablan un castellano muy cuidado.
20. No supo qué contestar; le fayó la memoria.

Puntaje 20 pts: esperado ☐ obtenido ☐

C. 1. El alfabeto y las letras. Muchos escritores han loado sea al alfabeto en su conjunto, sea a una letra en específico; unos lo han hecho con humor, otros con seriedad y verdadera exaltación. Siguiendo los ejemplos a continuación, escriba un corto relato (100 palabras) o un poema, inspirado en la primera letra de su nombre o apellido.

Trabajo individual, corrección en grupo

 Los escritores y el alfabeto

Gracias a este rompecabezas, Sara se familiarizó con las vocales y las consonantes, y les tomó cariño, incluso antes de entender para qué servían… La E parecía un peine, la S una serpiente, la O un huevo, la X una cruz ladeada, la H una escalera para enanos, la T una antena de televisión, la F una bandera rota… No veía diferencia entre dibujar y escribir.
(de: Ana Martín Gaite, *Caperucita en Manhattan*)

La importancia de la letra X

Siempre he tenido una gran admiración por la letra X. Parada en su penúltimo espacio del alfabeto, entre una W políglota y de caprichoso sonido y una injustificada Z, cuya única función parece ser la de complicar inútilmente la composición ortográfica, la X se abre de brazos, en perfecto equilibrio amoroso, y espera su turno que es, casi siempre, el más importante.
(de: Gabriel García Márquez, *Textos costeños*)

Carta de la eme
Manolo mío:
Mi madrileño marchoso,
Maduro melocotón maleable,
Macedonia mascaré mañana,
Mortadel, moscatel mío.
Madrugaré maestro
-me manipulas-.

Manolo, macho mío,
Mándote majuelas, magnolias,
Maíz, mijo,
-me matas, majo-.

Mi madre, me maravilla
Masculla melosa: Manolo, Manolo…
                (de: *Historia de Gloria*, Gloria Fuertes)

Puntaje: originalidad y corrección ortográfica y gramatical ☐
Puntaje 20 pts: esperado ☐ obtenido ☐

C. La acentuación

1. Silabicación: división de palabras en sílabas

Para poder poner los acentos ortográficos correctamente, es necesario saber dividir las palabras en sílabas. Una sílaba es una unidad de pronunciación, cada uno de los sonidos o grupo de sonidos que conforma un núcleo fónico que se pronuncia en un solo golpe de voz. Una vocal sola puede constituir una sílaba, mas no así una consonante. Éstas acompañan las vocales en las sílabas.

Si la palabra comienza con vocal o diptongo seguida de consonante, divida después de la vocal o diptongo.
*recuerde que la hache no tiene sonido

vocal	÷	consonante
a		migo

diptongo	÷	consonante
hie		lo

Si la palabra comienza con vocal seguida de una doble consonante, divida entre las consonantes, excepto si…

vocal +consonante	÷	consonante
as		pirar
ac		ción

…la palabra contiene vocal + consonante + "l" o "r", incluyendo la elle (ll) y la doble r (rr). Divida después de la vocal.

vocal	÷	consonante +l
a		climatarse

vocal	÷	consonante + r
a		gricultura

La elle (ll) y la doble r (rr) son consideradas consonantes simples, no se separan.

vocal	÷	consonante +ll
a		llá

vocal	÷	consonante +rr
a		rriba

Regla			
Si hay una consonante seguida de vocal, divida después de la vocal.	consonante +vocal:		
	pa	÷	pá

Si hay dos consonantes, divida entre las consonantes, excepto si…	consonante	÷	consonante
	can		tar
…es la combinación de cualquier consonante (salvo la "s") con "l" o "r"	consonante +l :		
	ha	÷	blar
	consonante +r:		
	ha	÷	brá
	s	÷	l
	is		la
	s	÷	r
	is		raelita

Si hay tres consonantes seguidas, divida después de la segunda consonante,	consonante + conson.	÷	consonante
	ins		titución
excepto si… …la tercera consonante es "l" o "r".	consonante	÷	consonante + l o r
	com		pleto
	com		prar

Si hay cuatro consonantes seguidas, divida en el medio.	cons. cons.	÷	cons. cons.
	ins		tructor

2. Acento tónico o prosódico

En toda palabra de dos o más sílabas, una de éstas se pronuncia con mayor intensidad que la(s) otras. Esta sílaba se llama sílaba tónica; las otras sílabas de la palabra que no se enfatizan se llaman átonas.

Para determinar cuál es la sílaba tónica de las palabras en español, siga las dos reglas siguientes.

Si la palabra termina en vocal o en las consonantes **"n"** o **"s"**, se pronucia enfatizando la penúltima sílaba.	(Cada rectángulo representa una sílaba)		
		▬▬	▬▬
	Es	**pa**	ña
	ca	**mi**	nen
	pa	**ñue**	los
		*ca	mi**ó**n

Si la palabra termina en una consonante que no sea **"n"** o **"s"**, se pronucia enfatizando la última sílaba.			▬▬
	es	pa	**ñol**
		na	**riz**
		*f**á**	cil

*El acento ortográfico o tilde sobre una vocal indica que esa palabra no sigue estas reglas.

3. Diptongos y triptongos

Las vocales del español se dividen en **fuertes** o **abiertas** y **débiles** o **cerradas**.

vocales fuertes	vocales débiles
A E O	I U

Diptongos: los diptongos representan un conjunto de dos vocales que se pronuncian en una misma sílaba. Existen tres combinaciones posibles: fuerte-débil, débil-fuerte y débil-débil, y al interior de esas combinaciones varios pares. En las combinaciones fuerte-débil o débil-fuerte, si la vocal débil lleva el acento tónico, el diptongo se rompe –lo que se llama un hiato- y es necesario escribir una tilde sobre esa vocal.

diptongos	A	E	I	O	U
A			ai *baile* ay (al final de palabra): *hay* hiato: *maíz*		au *aula* hiato: *baúl*
E			ei *reina* ey (al final de palabra): *batey* hiato: *reír*		eu *Europa* hiato: *reúna*

I	ia *feria* hiato: *María*	ie *piedra*		io *diosa*	iu *ciudadano*
O			oi *oiga* oy (al final de palabra): *hoy* hiato: *oído*		ou *estadounidense*
U	ua *agua* hiato: *actúa*	ue *huevo*	ui *cuidado* uy (al final de palabra): *Camuy* hiato: *huímos*	uo *contiguo*	

Triptongos: los triptongos están conformados por tres vocales, dos débiles rodeando a una fuerte.

iai	iau	iei	ioi	uai uay (al final de palabra)	uei uey (al final de palabra)	uau
Estudiáis *si la 1a vocal débil lleva acento tónico, el diptongo se rompe – lo que se llama un hiato- y es necesario escribir una tilde sobre esa vocal *esperaríais*	*miau*	*estudiéis*	*hioides*	*huaino* *Uruguay*	*buey*	

4. Acento ortográfico

Como dijimos, la tilde o acento ortográfico (') sirve para indicar que las palabras que lo llevan, no siguen las reglas de acentuación tónica arriba mencionadas. En ocasiones, el acento no solamente cambia la sílaba tónica de una palabra, sino también su significado. Por ejemplo: ca**mi**no (sustantivo o forma de "yo" del presente de indicativo del verbo caminar,) cambia a cami**nó** (forma de "yo" en el pretérito). La tilde sobre la "o" en la última sílaba indica que la sílaba tónica de esta palabra se ha desplazado y aunque normalmente se pronuncia ca**mi**no, se pronunciará cami**nó** en esta instancia.

El acento escrito se utiliza también para diferenciar los homónimos, por ejemplo: de (preposición), dé (forma imperativa del verbo dar); mi (adjetivo posesivo), mí (pronombre preposicional).

Dependiendo de la sílaba tónica, las palabras se clasifican en (E) esdrújulas: **ár**boles; (LL) llanas o graves: **ca**sa; y (A) agudas: come**dor**.

AGUDAS: palabras cuya sílaba tónica es la última. Si la palabra termina en una vocal o en las consonantes **"n"** o **"s"**, se requiere un acento escrito sobre esta sílaba.	(Cada rectángulo representa una sílaba. La sílaba oscura representa la sílaba acentuada). | ja	po	**nés** | |----|----|----| | | llo | **ró** |
LLANAS o GRAVES: palabras cuya sílaba tónica es la penúltima. Si la palabra termina en una consonante que no sea **"n"** o **"s"**, requiere un acento escrito sobre esta sílaba.	| | **ál** | bum | |----|----|----| | | **Cá** | diz |
ESDRÚJULAS: palabras cuya sílaba tónica es la antepenúltima. Siempre llevan tilde o acento.	| **ál** | bu | mes | |----|----|----| | **pá** | ja | ro |
SOBREESDRÚJULAS: palabras cuya sílaba tónica es la ante antepenúltima. Siempre llevan tilde o acento.	| **dí** | ga | me | lo |

5. Acento diacrítico

Como regla general, los monosílabos no llevan acento ortográfico. Sin embargo, a veces hay que hacer la diferencia entre dos palabras que se escriben igual, pero que pertenecen a categorías gramaticales diferentes o que tienen significados distintos y muchas de ellas son monosílabas. Para marcar la diferencia, una de ellas lleva el acento diacrítico.

él	pronombre personal	el	artículo
tú	pronombre personal	tu	adjetivo posesivo
dé	forma del verbo dar	de	preposición
mí	pronombre preposicional	mi	adjetivo posesivo
sé	forma de los verbos saber y ser	se	pronombre reflexivo
más	adverbio de cantidad	mas	conjunción adversativa
éste, ésta, éstos, éstas ése, ésa, ésos, ésas aquél, aquélla, aquéllos, aquéllas	pronombres demostrativos	este, esta, estos, estas ese, esa, esos, esas aquel, aquella, aquellos, aquellas	adjetivos demostrativos
té	sustantivo	te	pronombre personal
sí	adverbio de afirmación y pronombre personal	si	conjunción adversativa
ó	conjunción disyuntiva cuando se escribe entre dos cifras para distinguirla del 0	o	conjunción disyuntiva
sólo = solamente	adverbio	solo	adjetivo
aún = todavía	adverbio	aun = incluso, hasta, también	adverbio
adónde dónde cómo qué por qué *quién *cuál *cuánto (*y sus plurales)	interrogativos y exclamativos	adonde donde como que porque *quien *cual *cuanto (*y sus plurales)	adverbio relativo adverbio relativo adverbio de modo pronombre relativo conjunción pronombre relativo pronombre relativo pronombre relativo

Para dominar la mecánica

A. 1. Póngale la tilde a las siguientes palabras cuando sea necesario. Las negritas indican la sílaba con el acento tónico.

A. Trabajo y corrección individual

vio	desvario	cariz	ciempies
acne	fertil	publico	enhorabuena
kiosco	cortes	agape	carcel
margen	Berlin	tipico	amar
jamas	elevarse	Cadiz	martir
ambrosia	caracteristica	litigio	cesped
rustico	truhan	adverbio	caracter
abogado	honor	paramo	corazon
coleccion	deducir	atroz	vaiven
Cortez	batey	desanimado	cariño

Puntaje 40 pts: esperado ☐ obtenido ☐

B. 1. Historia y cultura de España. En las siguientes oraciones hay palabras mal acentuadas y otras que necesitan acentos y no los tienen. Corríjalas.

B. Trabajo individual/revisión por pares
1. Pasada la decadencia material y moral sufrida por España por la pérdida de sus últimas colónias a fines del siglo XIX, la cultura y la educación resurgieron con nuevos bríos.
2. Los intelectúales se preocupáron mucho por llevar educación y cultúra a las masas.
3. En Madrid, la Residencia de Estudiantes, fue un lugar de encuentro para jovenes de todas las inquietúdes intelectuales.
4. Alli se reunieron en los años veinte, entre otros Dalí, el pintor surrealista, García Lorca, el poeta, Buñuel, el cineasta, Manuél de Falla, el músico y Ortega y Gasset, el filósofo y escritor.
5. Muchos de éstos intelectuales formaron parte de lo que se llamó la "generación del 27" en cuya obra se mezclaba la recuperación de las tradiciones populares españolas y elementos de los movimientos artísticos de vanguardia europeos.
6. La Guerra Civíl es uno de los periodos mas negros de la historia de España.
7. Entre 1936 y 1939, el pais se desangró en una cruenta lucha.

8. El poeta y dramaturgo Federico Garcia Lorca fue asesinado y Antonio Machado murió en el exilio en Francia.
9. Las Brigadas Internacionales, que participaron en la guerra apoyando a los defensores de la Republica, estuvieron conformadas por voluntários de distintos páises.
10. Saliéron victoriosos los nacionalístas lidereados por el general Francisco Franco, quien instituyo una dictadura que duraria cuarenta años.

Puntaje 20 pts: esperado ☐ obtenido ☐

respuestas corregidas bien al trabajo de un compañero (a) ☐

B. 2. Muchos estudiantes frecuentemente se olvidan de poner la tilde en las siguientes palabras. Póngalas y luego indique qué tipo de palabra es cada una: (Esdrújula/Llana/Aguda).

B. Trabajo individual/revisión por pares

pais		fantastico		publico	
ingles		explicacion		descripcion	
emigro		relacion		conclusion	
inspiracion		jardin		poetica	
Marquez		Latinoamerica		facil	
ultimo		despues		dificil	
especifico		habia		origenes	
articulo		tenia		educacion	
politico		Mexico		raices	
revolucion		herejia		multiple	
biografia		examenes		representacion	
bibliografia		paises		pasion	
poesia		caracteristica		generacion	
publico		economia		imagenes	
tambien		pelicula		ademas	
admiracion		artistico		ficcion	
razon		musica		ideologia	
versatil		tecnologia		esporadico	
genero		critica		segun	
corazon		fantasia		opinion	

Puntaje 60 pts: esperado ☐ obtenido ☐

respuestas corregidas bien al trabajo de un compañero (a) ☐

C. 1. Ponga los acentos escritos donde sea necesario.

C. Trabajo individual, corrección en grupo

Ha cometido una falta, pero no sabe cual es. En todo caso, la omision (ignorar la indole de la falta) no hace mas que aumentar la culpa, le agrega un elemento de obstinacion que no esta en su animo.
(Cristina Peri Rossi, "El culpable")

—Solo hable con uno. Me pregunto si era aqui donde el vivia y yo le dije que si. Nada mas. Entonces no sabia por que me lo preguntaban.
—Y ahora, al preguntarte¿como sabi as que me estaba refiriendo a ellos? ¿Eh? ¿Como lo sabias? Contesta.
(Luis Goytisolo, *Las afueras*)

No se por que piensas tu,
soldado, que te odio yo,
si somos la misma cosa
yo,
tu.

Tu eres pobre, lo soy yo;
soy de abajo, lo eres tu;
¿de donde has sacado tu,
soldado, que te odio yo?

Me duele que a veces tu
te olvides de quien soy yo;
caramba, si yo soy tu,
lo mismo que tu eres yo.
(fragmento de: Nicolás Guillén, "No sé por qué piensas tú")

 Puntaje 31 pts: esperado ☐ obtenido ☐

C. 2. Corrija la acentuación en el siguiente poema.

C. Trabajo individual, corrección en grupo

Al perderte yo a tí,
tu y yo hemos perdido:

yo, porque tu eras
lo que yo mas amaba,
y tú, porque yo era
el que te amaba más.
Pero de nosotros dos,
tu pierdes mas que yo:
porqué yo podre
amar a otras
cómo te amaba a ti,
pero a ti nadie te amara
como te amaba yo.

(de: Ernesto Cardenal, "Epigramas")

 **Puntaje 10 pts: esperado ☐ obtenido ☐**

D. 1. Relea el poema de Cardenal y conteste las preguntas. Conserve sus notas para la sección sobre el comentario o explicación de texto.

D. Ejercicios alternativos: trabajo individual, discusión en clase

1. ¿Cuál es el tema del poema?

_____
_____
_____
_____

2. ¿Quién es el yo poético?

_____
_____
_____
_____

3. Comente sobre los recursos poéticos utilizados por el autor, la rima, etc.

_____
_____
_____

_____

_____

_____

_____

4. ¿Cuál es el tono del poema?

_____

_____

 **Para dominar la mecánica: ejercicios de sección**

A. 1. En las siguientes oraciones, hay palabras mal acentuadas y otras que necesitan acentos y no los tienen. Corríjalas.

A. Trabajo y corrección individual

1. El général Franco fue aliado de los fascistas, y la Iglesia Catolica, al apoyar a los franquístas, apoyó tambien al fascismo.

2. Durante la dictadura de Franco muchos españoles saliéron al exílio y muchos otros fueron víctimas de la tortura y la muerte.

3. Otro aspecto predominante de la dictadura de Franco fue la falta de libertades individuales y la censura.

4. Durante los ultimos años del franquismo, como respuesta a los tantos años de férrea censura, el cine español de los años setenta fue, gradualmente, introduciendo un poco de desnudo femenino, tendencia que al extenderse a otras áreas culturales y sociales pasó a denominarse como "el destape".

5. Franco dejo establecido, que a su muerte, España volviera a ser una monarquía, y nombró al principe Juan Carlos como su sucésor.

6. El generalísimo, Francisco Franco murio en Madríd a fines de 1975.

7. Una vez en el poder, el principe Juan Carlos decidió hacer una transición hácia la democracia y la reconciliación de todas las fuérzas políticas del pais. Ese periodo de la historia española se conoció como "la transición".

8. La generación española de los años ochenta se caracterizó por permanecer indiferente a lo que sucedia en la sociedad, es decir, por no tomar partído por el órden establecido y tampoco alinearse con los movimientos políticos o culturales proponentes de cambios. Éstos individuos fueron llamados "pasotas", de la expresión "yo paso" que refleja la indiferencia de pronunciarse sobre un determinado tema.

Puntaje 20 pts: esperado ☐ obtenido ☐

D. Gramática

1. Uso del pronombre de complemento indirecto

A los estudiantes, en general, se les hace fácil aprender a utilizar correctamente los pronombres de complemento directo, sin embargo, les cuesta mucho interiorizar la utilización de los pronombres de complemento indirecto. En esta sección les daremos algunos consejos para superar esa dificultad.

Como repaso, veamos ambos tipos de pronombres:

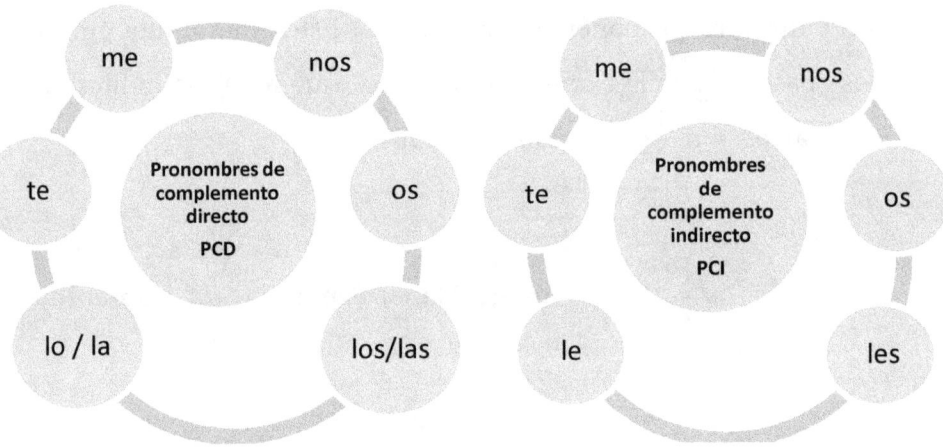

Los pronombres de complemento indirecto completan el sentido de una oración de una manera más indirecta que los de complemento directo. Veamos un ejemplo: *La profesora les devolvió los exámenes a los alumnos*. ¿Qué devolvió la profesora? Los exámenes. Como sabemos, *los exámenes* representa el complemento directo en la oración porque es lo que, en primer lugar, en sentido más directo completa su sentido. Si decimos solamente *La profesora devolvió los exámenes*, la oración todavía tiene sentido sin necesitar de decir a quién se los devolvió. En cambio, si decimos *La profesora les devolvió a los alumnos* el sentido de la oración queda trunco, necesitamos saber qué devolvió la profesora para tener una idea completa del mensaje. Por ello, en muchas ocasiones, una oración que contiene un objeto indirecto contiene también uno directo.

El objeto indirecto indica qué o quién es el destinatario o beneficiario de la acción del verbo; la mayoría de las veces es una persona, pero en algunas ocasiones puede ser una cosa, como en el siguiente ejemplo: *El cocinero* **le** *echó sal* ***a la sopa***. *The cook added salt to the soup.*

Para interiorizar la utilización de los pronombres de complemento indirecto, les recomendamos memorizar ejemplos. Los siguientes son verbos que comúnmente se utilizan con un objeto indirecto:

En el sentido de:

darle o entregarle algo a alguien	quitarle algo a alguien	reportarle o comunicarle algo a alguien	mostrarle o esconderle algo a alguien	hacer algo a/para alguien	permitirle o prohibirle algo a alguien	aconsejarle o pedirle algo a alguien
dar	arrebatar	advertir	enseñar	añadir	impedir	aconsejar
devolver	comprar	contestar	esconder	arreglar	negar	pedir
entregar	confiscar	decir	mostrar	echar	perdonar	pedir prestado
mandar	ganar	escribir	ocultar	comprar	permitir	pedir un favor
ofrecer	reclamar	explicar	presentar	hacer	prohibir	recomendar
prestar	robar	hablar	señalar	leer		sugerir
proporcionar	restar	informar		preparar		
regalar	quitar	preguntar		revisar		
servir		responder		tirar		
traer						
vender						

1. Su padre **le** regaló un ordenador portátil para Navidad.
2. El ladrón **les** arrebató las llaves del coche y salió corriendo.
3. El periodista **nos** va a informar sobre el resultado de las elecciones.
4. Papá, quiero presentar**te** a mi novio.
5. Cuando yo era pequeña, mi madre siempre **me** leía cuentos antes de dormir.

6. El policía no **les** permitió estacionarse en la calle porque había un fuego.
7. El psicoanalista **le** sugirió a ella que regresara a su pueblo a enfrentar sus fantasmas y **le** pidió a él que la acompañara en su peregrinaje.

Posición de los pronombres: Los pronombres, tanto directos como indirectos se colocan **frente a los verbos conjugados** en cualquier tiempo de los modos indicativo o subjuntivo y en el imperativo negativo. ¡Ojo! En una oración en subjuntivo, se colocan frente al verbo del que son complemento. Cuando se utilizan juntos, el PCI precede al PCD.

                                                     indicativo
(PCI)   **(PCD)**   **verbo conjugado en**   subjuntivo
                                                     imperativo negativo

Nos confesó lo que había hecho. (indicativo)

Queremos que **nos** digas la verdad. (subjuntivo)

No **me** despiertes temprano. (imperativo negativo)

Los pronombres se colocan detrás, pegados, formando una sola palabra con el verbo, cuando:

1. Se trata de un infinitivo o un gerundio simples, o de un imperativo afirmativo. En algunos casos, la adición de una o dos sílabas conlleva además la adición de un acento:

                infinitivo
verbo   gerundio simples   } pronombres
                imperativo afirmativo

pronombre
*Comer**lo** es muy fácil, lo difícil es preparar**lo**.*

*Hablándo**le** de ese modo a tu padre no conseguirás nada de él.*

*Si quieres salir bien en el examen, apréndete**lo** de memoria.*

2. El verbo es una forma compuesta del infinitivo o del gerundio, formando una sola palabra con el auxiliar *haber*:

          infinitivo   infinitivo
haber +   = haber { pronombre +
          gerundio   gerundio

*¡Habér**melo** dicho antes!*

Habiéndonos enviado un emilio antes de partir, no consideró urgente llamarnos por teléfono.

Cuando la forma compuesta contiene un verbo conjugado, los pronombres pueden ponerse antes del verbo conjugado o detrás, pegados, formando una sola palabra con el infinitivo o el gerundio, excepto si el verbo es intransitivo (que no acepta PCD), en que siempre deben ir frente al verbo conjugado, o en el imperativo afirmativo, en que deben ir pegados al infinitivo:

$$\text{pronombres} \} \textbf{verbo conjugado} \{ \text{pronombres}$$

Les estoy proponiendo que regresen mañana. / Estoy proponiéndoles

Te la voy a devolver mañana. / Voy a devolvértela mañana.

Excepciones:
(verbo intransitivo) *Le permitieron regresar a su país.*
no: *Permitieron regresarle a su país.*

(imperativo) *¡Trata de terminarlo para mañan.*
no: *¡Lo trata de terminar para mañana!*

Recuerde: cuando son utilizados juntos, el PCI siempre precede el PCD. Use la mnemotecnia *ID* para recordarlo. En las combinaciones de PCI y PCD de tercera persona singular y plural, *le* o *les* debe cambiar a *se*.

*¿Les explicaste las instrucciones? Sí, **se** las expliqué.* (y **no**, les las expliqué)
*¿Le estás contando el cuento al niño? Sí, **se** lo estoy contando.*

♦ Para expresar algo que ocurre por casualidad o involuntariamente se utiliza la partícula *se* frente a los pronombres de complemento indirecto, como en los ejemplos siguientes:

♦ **Ejemplos:**
Se nos perdieron las llaves. *We (involuntarily) lost the keys.*
Se te cayó un papel. *You (involuntarily) dropped a paper.*
Se me olvidaron los libros en casa. *I (involuntarily) forgot the books at home.*

Para dominar la mecánica

A. 1. Las oraciones siguientes tienen errores en cuanto a los pronombres de complemento indirecto. Corríjalas.

A. Trabajo y corrección individual

1. El médico aconsejó a él que dejara de fumar.
   _____

2. Echamos perfume a la ropa para que oliera bien.
   _____

3. ¿Quién mandó las flores a ti?
   _____

4. El alumno preguntó a mí por el examen.
   _____

5. El mecánico arregló a nosotros el coche.
   _____

Puntaje 5 pts: esperado ☐ obtenido ☐

B.1. En el siguiente pasaje del *Libro de los abrazos* de Eduardo Galeano, marque los PCD o PCI que encuentre.

B. Trabajo individual/revisión por pares

del Libro de los abrazos

Fue a la entrada del pueblo de Ollantaytambo, cerca del Cuzco. Yo me había desprendido de un grupo de turistas y estaba solo, mirando de lejos las ruinas de piedra, cuando un niño del lugar, enclenque, haraposo, se acercó a pedirme que le regalara una lapicera. Yo no podía darle la lapicera que tenía porque la estaba usando en no sé qué aburridas anotaciones, pero le ofrecí dibujarle un cerdito en la mano.

Puntaje 5 pts: esperado ☐ obtenido ☐

respuestas corregidas bien al trabajo de un compañero (a) ☐

C. 1. Luis y su familia se levantaron del lado izquierdo de la cama hoy. Utilizando la información provista, diga lo que les sucedió.

C. Trabajo individual, corrección en grupo

♦ **Ejemplo:** Luis se levantó tarde porque … **olvidar** poner el despertador.
   Luis se levantó tarde porque **se le olvidó** poner el despertador.

1. Don Ramiro, el papá de Luis, tuvo que tomar el bus porque… **perder** las llaves del coche.

2. Doña Ernestina, la mamá de Luis, tuvo que cambiarse el vestido porque… **derramar** el café encima.

3. Luis tuvo que ir a estudiar a la biblioteca porque… **quedar** sus libros en la casa.

4. Anita, la hermana menor de Luis, tuvo que prepararse otro café porque… **caer** la taza y se rompió.

5. Don Ramiro tendrá que comprar otro reloj porque el suyo… **romper**.

6. Doña Ernestina tendrá que comprar una pasta de dientes porque… **acabar** la suya.

7. Luis tendrá que esperar a que sus papás regresen del trabajo porque… **quedar** las llaves de la casa en su otra chaqueta.

Puntaje 7 pts: esperado ☐ obtenido ☐

C. 2. Los siguientes son extractos de cartas literarias famosas, o escritas por autores conocidos. En cada una hay algunos errores de PCD y/o PCI que, por supuesto, no fueron cometidas por los autores. Corríjalos.

Carta de Julio Cortázar a Edith Aron, quien se transformaría en la "Maga" de *Rayuela*

Querida Edith:

No sé si se acuerda todavía del largo, flaco, feo y aburrido compañero que usted aceptó para pasear muchas veces por París... para prestar a usted un pulóver verde (que todavía guarda su perfume, aunque los sentidos no lo perciban).

Yo soy otra vez ése, el hombre que dijo a usted, al despedirse de usted delante del Flore, que volvería a París en dos años... Pienso en el gusto de volver usted a encontrar, y al mismo tiempo tengo un poco de miedo de que usted esté ya muy cambiada... de que no divierta a usted la posibilidad de ver a mí. Por eso pido a usted desde ahora y eso a usted pido por escrito porque es más fácil a mí... que si usted está ya en un orden satisfactorio de cosas, si no necesita este pedazo de pasado que soy yo, eso a mí diga sin rodeos.

Julio Cortázar

Puntaje 10 pts: esperado ☐ obtenido ☐

Carta de Pablo Neruda a Matilde Urrutia

Señora mía muy amada, gran padecimiento tuve al escribir a ti estos mal llamados sonetos y harto dolieron a mí y costaron, pero la alegría de ofrecer ellos a ti es mayor que una pradera. Al proponerme ello bien sabía que al costado de cada uno, por afición electiva y elegancia, los poetas de todo tiempo dispusieron rimas que sonaron como platería, cristal o cañonazo. Yo, con mucha humildad hice estos sonetos de madera, di a ellos el sonido de esta opaca y pura substancia y así deben llegar a tus oídos.

Pablo

Puntaje 5 pts: esperado ☐ obtenido ☐

Carta de Don Quijote a Dulcinea

Soberana y alta señora:

El herido de punta de ausencia, y el llagado de las telas del corazón, dulcísima Dulcinea del Toboso, envía a ti la salud que él no tiene. Si tu fermosura desprecia a mí, si tu valor no es en mi pro, si tus desdenes son en mi afincamiento, maguer que yo sea asaz de sufrido, mal podré sostenerme en esta cuita, que además de ser fuerte es muy duradera. Mi buen escudero

Sancho dará a ti entera relación, ¡oh bella ingrata, amada enemiga mía!, del modo que por tu causa quedo. Si gustares de socorrer a mí, tuyo soy; y si no, haz lo que viniere a ti en gusto, que con acabar mi vida habré satisfecho a tu crueldad y a mi deseo.

Tuyo hasta la muerte,

El Caballero de la triste figura

Puntaje 5 pts: esperado ☐ obtenido ☐

D. 1. Relea las cartas y conteste las siguientes preguntas. Conserve sus notas para la sección de escritura de cartas personales.

D. Ejercicios alternativos: trabajo individual, discusión en clase

1. Compare y contraste las tres cartas con respecto a: a) tema; b) lenguaje utilizado por el autor para referirse a la mujer amada; c) motivos, razones o circunstancias particulares que llevaron al autor a escribirlas.

_____
_____
_____
_____
_____
_____
_____
_____
_____

2. Compare y contraste el tono en las tres cartas, y los sentimientos del autor hacia la persona a quien le escribe la carta.

_____
_____

2. *Gustar* y otros verbos con estructura similar

Muchos estudiantes tienen dificultad para recordar la utilización correcta de los siguientes verbos pues tienen una construcción inversa a la normal de sujeto, (PCI/PCD) verbo. En estos casos se prefiere el orden de pronombre de complemento indirecto, verbo y sujeto que insiste más en la reacción o sentimiento expresado por el verbo, que en el sujeto. Al conjugarse, tienen concordancia en persona y número con el sujeto: tercera persona singular frente a sujeto singular o infinitivo del verbo, y tercera persona plural frente a sujeto plural.

♦**Ejemplos:**

Construcción normal	Construcción invertida
La guerra me asusta. *War scares me.* S PCI V	Me asusta **la** guerra. *War scares me.* PCI V S
Las películas de terror me asustan. *Horror movies scare me.*	Me asusta**n** **las** películas de terror. *Horror movies scare me.*
(El)Ver policías armados me asusta. *Seeing armed police officers scares me.*	Me asusta **ver** policías armados. *Seeing armed police officers scares me.*

* ¡Ojo! Observe que estos verbos se pueden usar con otros sujetos que no sean la tercera persona singular o plural, pero no es muy común hacerlo:

♦**Ejemplos:**
María: ¿Te gusto, Juan? (*Do you find me attractive/ Am I appealing to you, Juan?*) (sujeto: yo)
Juan: Sí, María, (tú) me gustas mucho. (*Yes, María, I find you attractive/ you are appealing to me*). (sujeto: tú)
Pedro: (Tú) Me molestas cuando te enojas, Federico. (sujeto: tú)

Me gusta estudiar.	*Studying is pleasing to me.*
Te gusta el teatro.	*Theater is pleasing to you.*
Le gustan las novelas de ciencia ficción.	*Science fiction novels are pleasing to him/her/formal you*
Nos asustan las películas de terror.	*Horror movies are scaring to us.*
¿**Os** dan asco los lagartos?	*Are lizards disgusting to you*
¿**Les** apetece un vino tinto?	*Do you feel like drinking a glass of red wine?*
¿Te gustó la película?	*Was the film pleasing to you?*

verbos	ejemplos
aburrir: *to bore*	Me aburre ese tipo de música.
antojarse: *to desire, to fancy, to feel like*	¿Se te antoja ir al cine esta noche?
arder: *to burn*	Me arden los ojos por la alergia.
asustar: *to frighten*	¿Te asusta la guerra?
caer bien: *to like (a person); to agree with (food)*	Los padres de mi novio me caen muy bien. No me gusta comer cebollas porque no me caen (me sientan) bien.
caer mal: *to dislike (a person); not to agree with (food)*	A Pedro le cae mal la profesora de matemáticas porque no es simpática. El pescado me cayó mal; parece que no estaba fresco.
conmover: *to move, thrill*	Me conmueve su honestidad.
dar asco: *to disgust*	Le dan asco los caracoles.
dar ganas de: *to feel like*	Me dan ganas de ir a verte.
dar igual/lo mismo: *not to care one way or the other*	Si te da igual, ¿para qué quieres saber mi opinión?
dar lástima/pena: *to feel sorry* or *to be sad*/ (en algunos países *dar pena* se usa como *to be ashamed*	Nos da mucha lástima que no puedas venir a vernos.
dar lata: *to annoy, bug*	Me da lata que me llamen cuando estoy trabajando.
dar miedo: *to scare*	Les dan miedo las serpientes.
dar rabia: *to make mad*	Me da rabia que me mientan.
dar vergüenza: *to feel embarrassed*	Me da vergüenza reconocer que no me esforcé lo suficiente en la clase.
disgustar: *to dislike*	A Juan le disgustan tus chistes.
divertir: *to amuse*	¿Os divierten las comedias italianas?
doler: *to hurt, ache*	No les duele la cabeza, les duelen los

	pies.
encantar: *to enchant*	Nos encanta trabajar en la universidad.
extrañar: *to find something odd or strange*	No me extraña que hayas fracasado en el examen pues no estudiaste.
faltar: *to lack*	Necesito $150 para comprar la cámara; como tengo ahorrados los $140 que mis padres me regalaron para mi cumpleaños, solamente me faltan $10.
fascinar: *to fascinate*	¡Me fascina vivir en la ciudad!
hacer falta: *to need, lack; to miss (someone)*	Me hace falta un vestido negro. Cuando viajo sola, mi familia me hace mucha falta.
hacer gracia: *to strike as funny*	Me hacen gracia sus chistes.
importar: *to matter, mind, care*	A Luis no le importa lo que piensan sus padres sobre su decisión de ser cantante.
inquietar: *to upset*	A mi madre le inquieta que yo regrese tarde a casa.
interesar: *to interest*	¿Te interesa el arte?
irritar: *to irritate*	Nos irrita su falta de sinceridad.
molestar: *to bother*	¿Te molesta esperarme?
parecer: *to seem*	¿Te parece bien que hablemos más tarde?
preocupar: *to worry*	Nos preocupan los efectos de la contaminación ambiental.
quedar: *to fit, to have left over*	¡Qué bien te queda ese vestido, María! ¿Les queda suficiente dinero en el banco, hijas?
sorprender: *to surprise*	No me sorprendió que Juan llegara tan lejos, es inteligente y trabajador.
temblar: *to tremble, shake*	¿Estás nerviosa? Te tiemblan las manos.

Para dominar la mecánica

A.1. Complete con la forma apropiada de la expresión indicada. No olvide el pronombre necesario.

A. Trabajo y corrección individual

caer mal

1. (A mí) _____ mi vecino porque es un desconsiderado.

2. Yo sé que a ti _____ los amigos de José, así que no los voy a invitar a mi fiesta.

caer bien

3. --A ti, ¿_____ el alcalde de tu ciudad?

4. --Sí, _____ muy _____, es muy simpático y eficiente.

preocupar

5. --A ustedes, ¿_____ la seguridad?

6. --Más que la seguridad, a nosotros _____ los problemas de contaminación.

interesar

7. --¿Qué _____ a ustedes estudiar cuando lleguen a la universidad?

8. -- _____ mucho las ciencias, así que, a lo mejor estudiaremos medicina.

Puntaje 8 pts: esperado ☐ obtenido ☐

B.1. Lea el párrafo cuidadosamente y complete con alguno de los siguientes verbos: *gustar, importar, interesar, preocupar, hacer (mucha/poca) falta, caer bien/mal, encantar*. Recuerde también añadir el pronombre necesario.

B. Trabajo individual/revisión por pares

Querida Dra. Corazón:

Le escribo porque necesito contarle a alguien lo que me pasa. Me siento muy deprimido porque a mis padres no _____ mi novia. Piensan que ella quiere separarme de ellos y por eso, cada vez que tenemos vacaciones, insisten en que las pase con ellos en la playa. Francamente, aunque yo los quiero mucho, ya no _____ pasar todo el tiempo a su lado. A mi novia y a mí _____ pasar tiempo juntos. Nos queremos mucho; cuando yo voy solo a visitar a mis padres, ella _____, y yo también _____ a ella; contamos las horas para volver a estar juntos. (A mí) _____ mucho esta situación porque también quiero enormemente a mis padres, y no sé qué hacer. A mi novia _____ que resolvamos este dilema cuanto antes pues queremos casarnos tan pronto nos graduemos. ¿Qué me aconseja?

Puntaje 7 pts: esperado ☐ obtenido ☐

respuestas corregidas bien al trabajo de un compañero (a) ☐

C.1. Escriba oraciones originales que se ajusten a las situaciones dadas utilizando gustar o uno de los verbos que siguen el mismo patrón de conjugación. Escriba, por lo menos, tres oraciones para cada situación. Pueden ser preguntas y respuestas u oraciones individuales. Sea creativo.

C. Trabajo individual, corrección en grupo
♦ **Ejemplo**: Yo: escribir un informe
   Me hace falta un ordenador. Me interesa escribir sobre los problemas ecológicos. Me hacen falta datos sobre el tema.

Tú: eres estudiante de medicina
1. a._____
   b._____
   c._____

Ella: estudia teatro
2. a._____
   b._____
   c._____

Nosotros: comprar un auto nuevo
3. a._____

   b._____

   c._____

Ustedes: problemas del medio ambiente

4. a._____

   b._____

   c._____

Yo: la guerra
5. a._____

   b._____

   c._____

Puntaje 15 pts: esperado ☐ obtenido ☐

3. Uso de la forma neutra *lo*

La forma neutra *lo* es una marca característica del español, y dependiendo del contexto, puede tener distintas funciones. Puede jugar el rol de un artículo definido y servir para crear sustantivos, puede tener valor de pronombre o puede hacer parte de locuciones.

Lo artículo definido neutro:
- *lo* + adjetivo o participio pasado
- *lo* + adjetivo calificativo/adverbio+que
- *lo* + adverbio comparativo

***lo* + adjetivo o participio pasado**: sirve para crear sustantivos invariables como:

lo único; lo prometido; lo importante; lo mejor; lo prohibido; lo lógico; lo extraño; lo útil; lo primero; lo último; lo sucedido; lo cierto; lo mismo; lo verde; lo cortés; etc.

Estos sustantivos neutros no tienen un equivalente exacto en inglés, sino traducciones aproximativas como: lo importante: *the important thing*; lo lógico: *the logic thing*; etc.

♦ **Ejemplos**:
   Lo único que me interesa es tu felicidad. *The only thing that I am concerned about is your happiness.*
   Lo prometido es deuda. *A promise is a promise.*

lo + **adjetivo calificativo/adverbio** + **que**: indica a qué punto (*to what extent/how*)

   ♦ No puedes imaginar lo difícil que fue llegar hasta aquí. *You can not imagine how difficult it was to get here.*
   Nunca sospeché lo bien que escribías. *I never suspected how well you wrote.*

lo + **adverbio comparativo**: para crear superlativos

   ♦ Trabajé lo más rápido que pude para poder terminar a tiempo.
   I worked as fast as I could to finish on time.
   Hizo lo mejor que pudo.
   He did the best he could.

Lo pronombre neutro de objeto directo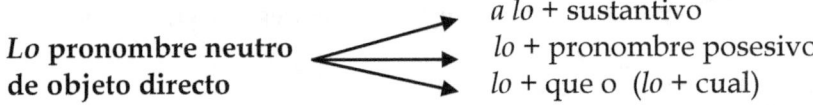
   a lo + sustantivo
   lo + pronombre posesivo
   lo + que o (*lo* + cual)

***Lo* pronombre neutro de objeto directo**: se utiliza para referirse, a manera de resumen, a ideas y conceptos expresados en una cláusula anterior o a objetos no identificables. Puede remitir a una noción simple o compleja expresada por un adjetivo, un sustantivo, parte de una frase o toda una frase:

   ♦ ¿Quién te dijo que yo estaba enfermo? Me **lo** dijo la profesora. *The teacher told me about it.* (**lo**, resume la idea contenida en la frase "yo estaba enfermo")
   No alcanzo a distinguir **lo** que se esconde detrás de las rocas. *I can not distinguish what hides behind the rocks.*
   No creo que **lo** haya hecho por molestarnos, es que es muy torpe, el pobre. *I do not think he did it to bother us, it is that he is so clumsy, poor thing.*
   Talento no sé si **lo** tiene, pero amabilidad le sobra. *Talent, I do not know if he has (some of that), but kindness he has over and above.*

a lo + **sustantivo**: a la manera de; a la moda de:
   ♦ *Escribe a lo Cortázar.*
   Habla a lo Humphrey Boggart.

***lo* + pronombre posesivo**: *what is mine, yours, etc....*
   ♦ *Lo mío es tuyo y lo tuyo es mío.* What is mine is yours and what is yours is mine.

***lo* + que**: pronombre relativo neutro que introduce cláusulas especificativas. Muchas veces estas cláusulas van seguidas por una forma del verbo *ser*: en inglés, *what or that which*.

   ♦ Lo que sucedió no tiene ni pies ni cabeza. *What happened makes no sense at all.*
   Lo que me disgusta de ese hombre es su pedantería. *What I dislike about that man is his pretentiousness.*

En ocasiones, este tipo de frases se usa para corregir algo que ha sido dicho anteriormente con lo que no estamos de acuerdo:
   ♦ Ustedes quieren ir a comer al restaurante, ¿no? No, lo que queremos es quedarnos en casa y preparar comida casera. *You want to eat at a restaurant, don't you? No, what we want is to stay home and prepare home-made food.*

***lo* + que puede ser sustituido por *lo* + cual** en cláusulas explicativas y después de preposiciones cortas. Después de preposiciones de dos o más sílabas sólo es correcto usar lo cual:
   ♦ En los años después de la Guerra Civil, muchos españoles salieron al exilio, lo cual/lo que se explica por la represión desatada por el gobierno dictatorial del general Franco. *In the years after the Civil War, many Spaniards went into exile what can be explained by the repression unleashed by the dictatorial government of General Franco.*
   En julio de 2008 el ejército colombiano rescató a Ingrid Betancourt y otros rehenes que se encontraban presos desde hacía años, lo cual/lo que representó un fuerte golpe para las FARC. *In July 2008, the Colombian army rescued Ingrid Betancourt and some other hostages who had been in capture for several years in what represented a strong blow to the FARC.*

lo* + que puede reemplazar al pronombre qué de una interrogación directa:
   ♦ No sé qué me voy a poner para la fiesta.
   No sé lo que me voy a poner para la fiesta.
* Si el **qué** va seguido de un infinitivo, es preferible no sustituirlo.
   ♦ No sé qué hacer. **Y no:** No sé lo que hacer.
Si el **qué** va acompañado de la preposición **por**, no lo sustituya, para evitar la confusión con el sustantivo **porqué**
   ♦ No tengo por qué escucharlo.
Y no: No tengo por lo que escucharlo. / No tengo el por qué escucharlo.

 **Para dominar la mecánica**

A.1. Empareje la columna de la derecha con la de la izquierda.

A. Trabajo y corrección individual.

1. _____ ¿Te gusta leer novelas autobiográficas?	a. No, los días grises y fríos.
2. _____ ¿Te molestan los ruidos de autos?	b. No, tener pesadillas.
3. _____ Hace calor, ¿os apetece una cerveza?	c. No, de la falta de seriedad de la administración.
4. _____ ¿Te entristecen las tardes lluviosas?	d. No, la felicidad.
5. _____ ¿Le da vergüenza ponerse el mismo vestido dos veces?	e. No, las matemáticas.
6. _____ No escuché bien. Perdón, ¿qué dijo?	f. No, a mi familia.
7. _____ ¿Les asusta la oscuridad?	g. No, de ciencia ficción
8. _____ ¿Le interesan las ciencias?	h. No, la música fuerte.
9. _____ ¿Se refiere usted a las elecciones presidenciales?	i. No, a las municipales.
10. _____ ¿Le importa a usted el dinero?	j. No, un vino blanco frío.
11. _____ ¿Se queja usted de la baja productividad de la empresa?	k. Dije que estaba cansado.
12. _____ ¿Echa de menos su país?	l. No, ponérselo sin planchar.

Puntaje 12 pts: esperado ☐ **obtenido** ☐

> **B. 1.** Utilice las respuestas del ejercicio anterior para escribir oraciones usando *lo que*…

B. Trabajo individual/revisión por pares

♦ **Ejemplo**: ¿Os gusta esquiar? No, hacer snowboarding. No, **lo que** nos gusta es hacer snowboarding.

1. ¿Te gusta leer novelas autobiográficas?
   _____

2. ¿Te molestan los ruidos de autos?
   _____

3. Hace calor, ¿os apetece una cerveza?
   _____

4. ¿Te entristecen las tardes lluviosas?
   _____

5. ¿Echa de menos su país?
   _____

6. ¿Le interesan las ciencias?
   _____

Puntaje 6 pts: esperado ☐ obtenido ☐
respuestas corregidas bien al trabajo de un compañero (a) ☐

> **C. 1.** Utilice la información provista para escribir una oración siguiendo el ejemplo. Utilice una u otra opción.

C. Trabajo individual, corrección en grupo

♦ **Ejemplo:** ser padres: lo mejor… lo peor…
Lo mejor de ser padres es poder proveerles a los hijos las mejores oportunidades en la vida para que se desarrollen y sean felices.
Lo peor es que se sufre mucho si los vemos sufrir.

1. viajar solo: lo mejor...   lo único malo...

2. aprender una lengua extranjera: lo interesante...   lo difícil...

3. terminar los estudios: lo bueno...   lo angustiante...

4. conseguir un empleo en otro estado o país: lo emocionante...   lo preocupante es...

5. tener clases a las 8:30 de la mañana: lo ventajoso es...   lo desagradable...

Puntaje 5 pts: esperado ☐ obtenido ☐

4. Uso de la construcción pasiva y del *se* reflejo o impersonal

Al comunicarnos podemos hacerlo sea en oraciones activas o en oraciones pasivas. En las activas, ponemos el énfasis en el sujeto o agente, es decir, en quien realiza la acción, y en las pasivas resaltamos el objeto de la acción. En estas últimas, el sujeto no realiza la acción del verbo, sino que la padece.

♦ **Ejemplos**:
El científico presentó los resultados de la investigación.
(el sujeto: "el científico" realiza la acción)
Los resultados de la investigación fueron presentados por el científico.
(el objeto de la acción: "los resultados de la investigación")

La voz activa debe preferirse por sobre la pasiva pues resulta más natural; la pasiva debe reservarse para aquellas situaciones en que el objeto de la oración sea verdaderamente más relevante que el autor. Veamos dos ejemplos:

	sujeto/agente ⟶	Cristóbal Colón
Activa	**verbo** ⟶	descubrió
	complementos ⟶	América en 1492.
	(COD/circunstancial)	

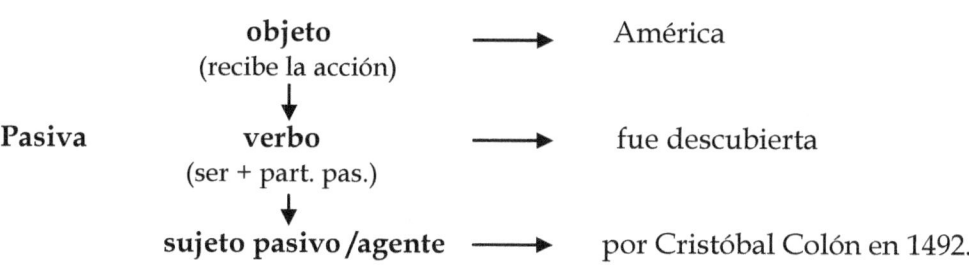

Como podemos ver en el ejemplo anterior, la voz pasiva se construye con una forma del verbo *ser* en el tiempo apropiado + un participio pasado. No es muy común usar la pasiva con el verbo *ser* en presente, a menos que el objeto de la oración haga referencia a seres humanos.

Varios niños son rescatados de entre los escombros. *Several children are rescued from within the rubble.*

La construcción *se* impersonal

Otra forma de restarle importancia al agente de la acción, bien porque se le quiera ocultar, se desconozca, o sea irrelevante, es utilizando la pasiva refleja (con *se*), forma que resulta impersonal pues en la misma, el agente que realiza la acción es indefinido. Puede traducirse al inglés como *one, people, they, some,* etc. Este tipo de oraciones es muy común en español en anuncios y en manuales de instrucciones.

♦ **Ejemplos:**
Se venden periódicos extranjeros.
Se habla español.
Se solicita empleado.
Primero se lavan las frutas, luego se pelan, se cortan en trocitos y se echan en un recipiente.

* La partícula *se* precede los pronombres de complemento indirecto cuando éstos están presentes:
♦ **Ejemplos:**

Se nos informó de la cancelación de la reunión.

Se les pidió que llegaran a tiempo.

La construcción pasiva refleja o impersonal es preferida en la escritura académica por su carácter objetivo y distanciado ya que en este tipo de enunciado, lo dicho se asume como una opinión colectivamente aceptada; tal como enunciada, sugiere, que a título individual, nadie toma directamente la responsabilidad de decir lo dicho. Fijémonos, en los ejemplos siguientes, en el contraste del grado de responsabilidad tomado por el autor de las oraciones con respecto a lo dicho:

♦ **Ejemplos:**
Opino que Pedro no es muy honrado. *I think that Pedro is not very honest.*
(Es claro quién opina eso de Pedro: **yo**, y tomo responsabilidad por lo que digo.)

Creemos que Pedro no es muy honrado. *We believe that Pedro is not very honest.*
(Es claro quién opina eso de Pedro: **nosotros**, grupo del cual el "yo" autor forma parte y a nombre de quien toma responsabilidad por lo que dice.)

Se dice que Pedro no es muy honrado. *It is said that Pedro is not very honest.*
(Alguien dice eso de Pedro, pero **no se dice claramente quién**; se presenta como una opinión aceptada, aunque nadie se hace directamente responsable de emitirla.)

 Para dominar la mecánica

A.1. Reescriba las siguientes oraciones de manera a convertirlas en pasivas (*ser* + verbo).

A. Trabajo y corrección individual

1. Picasso pintó "Guernica" cuando vivía en París.

2. Tirso de Molina es el creador del personaje de Don Juan en el teatro español.

3. Emilia Pardo Bazán es la autora de *Los pazos de Ulloa*.

4. Antonio de Nebrija elaboró la primera gramática de la lengua española.

5. Le otorgaron el Premio Nobel de Literatura al escritor español Vicente Aleixandre en 1977.

Puntaje 5 pts: esperado ☐ obtenido ☐

B. 1. La paella. Esta es una tarea en dos etapas: primero se trata de cambiar los verbos entre paréntesis utilizando *se* + el verbo en el tiempo requerido para conocer algo de la historia de este plato tan español y al mismo tiempo tan internacional. Luego, hacer lo mismo, pero con las instrucciones para su preparación.

B. Trabajo individual/revisión por pares
Los orígenes de la paella
Carlos Gómez-Senent López

(decir) _____ que la paella es el plato más conocido de la variada gastronomía española ya que (encontrar) _____ en los menús de miles de restaurantes de todo el mundo. Sin embargo, la verdadera receta de la paella (desconocer) _____.

La documentación sobre un plato llamado paella en la zona de Valencia (remontarse) _____ al siglo XVIII. Como en la región (criar) _____ pollos y conejos, y (sembrar) _____ diferentes tipos de hortalizas y arroz, era de esperarse que éstos fueran los ingredientes de base de este suculento plato típico regional. A ello (soler/le) _____ añadir el marisco y pescado de las zonas costeras, el aceite de oliva de la cuenca del Mediterráneo y ya están todos los ingredientes, pues habitualmente (preparar) _____ dos tipos de paella, la llamada valenciana, con carne y hortalizas, y la paella de marisco o marinera. Pero en realidad, lo que hace único este plato es que cada quien le echa lo que tiene a mano.

Su nombre surge del apelativo del recipiente en que se prepara; en lengua valenciana (llamar/le) _____ "paella" a la sartén que (utilizar) _____ para cocinar el plato. A este recipiente que, normalmente (elaborar) _____ en acero pulido, (quitar/le) _____ el mango, y en su lugar, (fijar/le) dos asas para que soporte el peso del guiso.

(creer) _____ que la popularidad del plato reside además de en su sabrosura, en las ventajas que la preparación del mismo le aportaba al ama de casa: (preparar) _____ la comida del día de una vez y en un solo recipiente, no (necesitar) _____ de platos pues la "paella" servía de plato comunitario; tradicionalmente la paella (comer) _____, y todavía (comer) _____, en el mismo recipiente en que (cocinar) _____ con el consiguiente ahorro de trabajo para la sufrida cabeza de familia.

A continuación, (proveer) _____ una receta fiable de la auténtica paella valenciana preparada por quien gusta de llamarse "un cocinero de profesión y vocación" valenciano.

(Texto y receta adaptados del sitio: "La paella" www. lapaella. net).

> **B. 2.¿Cómo preparar una paella?** Como seguimiento al ejercicio anterior, ahora necesita cambiar los verbos entre paréntesis, utilizando *se* + el verbo en el tiempo requerido para dar las instrucciones para su preparación.
> ¡Ojo con la conjugación de verbos como *cocer* o *verter*!

Instrucciones de preparación:

(Verter) _____ el aceite en el centro de la paella, (nivelar/la) _____, (encender) _____ el fuego y (calentar) _____ el aceite.

Cuando el aceite comienza a humear, (incorporar/le) _____ el pollo y el conejo troceados y ligeramente salados, dorándolos cuidadosamente a fuego medio. Si el fuego es excesivo, (espolvorear) _____ un poco de sal en el borde de la paella, en aquellas zonas en las que no hay aceite, para evitar que se queme. Es muy importante que toda la carne esté muy dorada, el éxito de la paella depende mucho de esta etapa de la elaboración.

(Añadir/le) la verdura troceada y (sofreír) _____ los ingredientes por unos minutos. (Hacer) _____ un hueco en el centro de la paella apartando la carne y la verdura. En este hueco (incorporar/le) _____ el tomate y luego el pimentón, y el todo (sofreír) _____. Es importante que el fuego sea suave en el momento de poner el pimentón, ya que (correr) _____ el riesgo de que se queme y la paella resulte amarga.

En ese momento (verter) _____ agua hasta casi el borde. (Añadir) _____ algo de sal y (dejar/la) _____ cocer unos 30 minutos, añadiendo más agua si fuera necesario. Transcurridos los 30 minutos, hemos de procurar que el caldo de la paella llegue justo hasta la mitad de los remaches de las asas. Seguidamente, (probar) _____ de sal. El caldo deberá estar muy sabroso, ligeramente salado, ya que durante la cocción, el arroz absorberá parte de la sal. Es una buena idea dar a probar el caldo a alguno de los invitados. Si finalmente la paella sale sosa o salada podremos culpar al incauto que la cató.

Entonces, (incorporar/le) _____ el arroz. Si hemos tomado correctamente la referencia de los remaches de las asas, simplemente haciendo un surco con el arroz que sobresalga un par de centímetros sobre el caldo, habremos conseguido la relación perfecta de arroz y caldo para el recipiente en el que estamos cocinando. Esa es la medida exacta del arroz que necesita la paella.

(Agregar) _____ el azafrán o el colorante sobre el arroz, para evitar la aparición de los grumos de colorante que se forman cuando este producto es de baja calidad. Con el azafrán no existe este problema y podemos incorporarlo a la paella como consideremos oportuno (en hebras, tostado, molido, diluido...). (Mezclar) _____ uniformemente el arroz en el recipiente y (procurar) _____ que no queden granos de arroz sobre la carne o la verdura sin estar sumergidos en el caldo. (Cocer) _____ a fuego muy fuerte durante 7 minutos aproximadamente, o hasta que el arroz medio cocido comience a asomar.

En ese momento (bajar) _____ el fuego casi al mínimo y (dejar) _____ cocer otros 4 ó 5 minutos más, evitando así que el almidón que ha ido soltando el arroz durante la cocción y que ha ido espesando el caldo, se queme y se agarre al fondo de la paella. Transcurridos los 5 ó 6 minutos, si la paella no tiene nada o casi nada de caldo, (dejar) _____ que cueza los últimos 3 ó 4 minutos más a fuego muy, muy suave. Si la paella tuviera aún mucho caldo, estos 3 ó 4 minutos finales, (deber) _____ cocinar a fuego medio.

Resumiendo, la paella (cocer) _____, en total, entre 14 y 16 minutos, primero 7 minutos al máximo, a continuación 4 ó 5 minutos a fuego suave y los últimos 3 ó 4 minutos a fuego muy suave o fuego medio, en función del caldo que quede en el recipiente.

En Valencia es costumbre dejar reposar la paella. Es importante saber que una vez retirada del fuego, si el hambre no nos lo impide, 5 minutos de espera antes de servir la paella ayuda a que el arroz finalice su cocción y termine la absorción de caldo que aún pueda quedar.

Ahora, ¡a disfrutar de la paella! ¡Buen provecho!

(Texto y receta de Carlos Gómez-Senent López, adaptados del sitio: "La paella" www. lapaella. net)

Puntaje 16 pts: esperado ☐ **obtenido** ☐

respuestas corregidas bien al trabajo de un compañero (a) ☐

C. 1. Convierta las siguientes en oraciones impersonales utilizando el *se* + el verbo. ¡Ojo! En ocasiones deberá dejar fuera información innecesaria o añadir una preposición.

C. Trabajo individual, corrección en grupo

♦ **Ejemplo:** Alfonso X, el Sabio, **instituyó**, durante la Edad Media, la Escuela de Traductores de Toledo para fomentar la colaboración entre intelectuales de las tres culturas que convivían en territorio español: la cristiana, la musulmana y la judía.

Durante la Edad Media, **se instituyó** la Escuela de Traductores de Toledo para fomentar la colaboración entre intelectuales de las tres culturas que convivían en territorio español: la cristiana, la musulmana y la judía.

1. Digo que Quevedo fue un gran escritor satírico.

2. Benito Pérez Galdós es considerado el más importante escritor español del siglo XIX.

3. Por su inclinación a la poesía pura, el poeta español Jorge Guillén es considerado discípulo de Juan Ramón Jiménez.

4. La novela, *La familia de Pascual Duarte de* Camilo José Cela es considerada una de las grandes novelas españolas de la posguerra.

5. El Premio Nadal 1947 le fue acordado a Miguel Delibes por su novela *La sombra del ciprés es alargada*.

6. En 1945, le fue concedido el Premio Nadal a Carmen Laforet por su novela *Nada*.

7. Carmen Martín Gaite, fallecida en el año 2000, es considerada una de las más prolíficas escritoras de la literatura española contemporánea.

8. Han comentado que el poeta y novelista español Juan Goytisolo vive en Marrakech, en un exilio voluntario.

9. Los críticos piensan que Antonio Gala, escritor, dramaturgo y poeta español contemporáneo, se inspira en sucesos históricos para esclarecer la historia presente.

Puntaje 9 pts: esperado ☐ **obtenido** ☐

respuestas corregidas bien al trabajo de un compañero (a) ☐

D. ¿Cómo preparar...? Piense en la receta de un plato que le guste preparar y escriba las instrucciones usando la forma pasiva refleja. Si no le gusta la cocina y prefiere la creatividad, provea las instrucciones para fabricar un invento original que usted quiere patentar.

Escriba las instrucciones en un corto ensayo de entre 150-200 palabras.

Reglas generales: defina el producto en la introducción, describa el proceso de realización en el cuerpo o desarrollo, escriba una breve conclusión.

Conserve su trabajo para las secciones de párrafos y ensayos.

D. Ejercicios alternativos: trabajo individual, discusión en clase

E. Técnicas para aumentar y enriquecer el vocabulario

Además de claridad y legibilidad, la escritura formal o académica requiere concisión y precisión en el uso del lenguaje. No basta con escribir con corrección gramatical y ortográfica si nuestros textos adolecen de pobreza léxica y de estilo.

Al estudiar una segunda lengua, existen varias reglas simples para enriquecer el vocabulario, por ejemplo: incorporar cognados; inferir el significado de palabras desconocidas partiendo de prefijos o sufijos conocidos; memorizar pares de sinónimos o antónimos.

Ha sido comprobado que establecer conexiones partiendo de lo conocido, nos ayuda a descifrar lo desconocido. También está comprobado que el expandir nuestro léxico, incrementará no sólo nuestra capacidad de escribir con precisión y concisión, sino también nuestras facultades de comprensión de lectura. En adición, un léxico más amplio nos ayudará a superar la utilización del circunloquio para hacernos entender (muy común cuando no encontramos la palabra adecuada), y por consiguiente, a producir textos más brillantes y variados.

Esta sección de *¡A la perfección!*, la dedicaremos al reconocimiento de **cognados** y de **prefijos** y **sufijos**, así como al aprendizaje de **sinónimos** y **antónimos** necesarios para enriquecer nuestro vocabulario y, por lo tanto, nuestra escritura académica.

Aprenderemos también a reconocer los llamados **falsos amigos**, que como su nombre sugiere, en vez de indicarnos el buen camino, nos desvían del mismo.

1. Los cognados: pautas generales para transcribir grafías (en general cognados) del inglés al español

inglés	español	ejemplo
cc	c	*occupy*: ocupa
ch	c, qu	*technocracy*: tecnocracia; *orchestra*: orquesta
ction	cción, xión	*action*: acción; *reflection*: reflexión
ff	f	*effect*: efecto

qu	cu	*quality*: cualidad
materias académicas terminadas en *-gy* y en *-y*	-gía -ía	*biology*: biología *philosophy*: filosofía
sustantivos terminados en *-ism*	-ismo	*capitalism*: capitalismo
sustantivos o adjetivos terminados en *-ist*	-ista	*artist*: artista; *optimist*: optimista
sustantivos terminados en *-gist*	-ogo/oga	*geologist*: geólogo/a
sustantivos terminados en *-ity*, *-ety*	-idad	*honesty*: honestidad; *society*: sociedad *eternity*: eternidad
ll	l	*stellar*: estelar; *intelligent*: inteligente
adverbios terminados en *-ly*	-mente	*specifically*: específicamente
imm	inm	*immediately*: inmediatamente
sustantivos terminados en *-nt*	-nte	*student*: estudiante; *president*: presidente; *servant*: sirviente
combinación *ph*	f	*photo*: foto
palabras que empiezan con *sc*	esc	*school*: escuela
sustantivos terminados en *-sion*	-sión	*television*: televisión
palabras que empiezan con *sp*	esp	*special*: especial
sustantivos que terminan en *-ssor*	-sor	*professor*: profesor
palabras que empiezan con *st*	est	*student*: estudiante
sustantivos terminados en *-tion*	-ción	*emotion*: emoción
* En español, pueden ser **dobles**: *cc ll nn rr* **NUNCA**: *ff mm ss tt*		

 **Para dominar la mecánica**

A. 1. Partiendo de la tabla anterior, escriba los siguientes cognados en español.

A. Trabajo y corrección individual.

inglés	español	inglés	español
occult		geology	
concentration		variety	
technically		philosophy	
opposition		occlusion	
imminent		specialty	
happily		paleontologist	
reality		possibility	
occasion		opulent	
occupation		association	
quality		anatomy	
orchestration		obesity	
specialist		archeology	
illegal		probably	
occultism		ophtalmologist	
immunity		impression	
physiology		technologist	
oponent		collection	
connection		illusion	
intuition		cooperation	

photocomposition		sociology	
character* (sigue reglas de transcripción gráfica, pero es falso amigo)		congestion* (sigue reglas de transcripción gráfica, pero es falso amigo)	
responsibility* (contiene pequeño cambio ortográfico)		deism* (necesita acento)	
mortality		preoccupy	
speculation		spirituality	
immigration		cosmology	
decadent		decency	
confessor		commotion	
sucessor		splendid	
spiritualism		commission	
fraction		natality	
entomology		introspection	
occidental		pharmacy	
spontaneous		erosion	
socialism		clemency	
introduction		energy	
clericalism		fertility	
studio		specially	
anticipation		succession	
linguist		morphology	
infancy		introversion	
nationalist		commercial	
official		spatial	
occult		geology	
concentration		variety	

technically		philosophy	
opposition		occlusion	
imminent		specialty	

Puntaje 98 pts: esperado ☐ obtenido ☐

> **B. 1.** Complete con el equivalente en español de uno de los siguientes términos:
> quality, clemency, association, intuition, anatomy, responsibility, illegal, confessor, immigration, occupation, socialism, commotion, commission, archeology, oponent, connection, commercial, congestion, convocation, specialty, anticipation

B. Trabajo individual/revisión por pares

1. El sacerdote pidió _____ para el condenado a muerte.

2. Los estudiantes fundaron una _____ para ayudar a los niños de la comunidad.

3. La _____ de los productos ha bajado mucho desde que la nueva administración está a cargo.

4. Este semestre tengo una clase de _____ muy difícil. Eso me hace dudar de mis deseos de estudiar medicina.

5. Tener hijos es una gran _____ que no sé si estoy lista para enfrentar en estos momentos.

Puntaje 5 pts: esperado ☐ obtenido ☐

respuestas correjidas bien al trabajo de un compañero (a) ☐

> **C. 1.** Escoja diez (10) cognados diferentes a los utilizados en el ejercicio anterior y escriba oraciones.

C. Trabajo individual, corrección en grupo

1. _____
2. _____

3. _____
4. _____
5. _____
6. _____
7. _____
8. _____
9. _____
10. _____

Puntaje 10 pts: esperado ☐ obtenido ☐

2. Los falsos amigos

Si bien es cierto los verdaderos cognados facilitan la comprensión de un texto y aceleran la adquisición de vocabulario, hay que estar muy alertas a los llamados falsos amigos que, como dijéramos, pueden conducirnos a error.

Falsos amigos son aquellas palabras de una lengua que, aunque similares en su forma a palabras en la lengua del hablante, difieren en su significado, y por lo tanto, llevan a confusión. El término fue acuñado en francés como "faux-amis" por los lingüistas Koessler y Derocquigny en 1928 para nombrar términos provenientes del inglés y del francés. Como por su apariencia es imposible reconocerlos, la manera más eficaz para no dejarnos engañar es aprender cuáles palabras representan falsos amigos; el familiarizarse con los de la siguiente lista será de gran utilidad.

inglés	en español use:	y no...	que significa:
absolutely	totalmente, completamente, absolutamente	en absoluto	*not at all, absolutely not*
abstract	resumen	abstracto	*in the abstract*
actual	real	actual	*present, current*
actually	ciertamente, verdaderamente, en realidad, en efecto	actualmente	*currently, nowadays, at present*
adept	experto	adepto	*follower, supporter*

advertisement	anuncio	advertencia	*warning*
affection	afecto	afección	*(medical) condition*
affluent	opulento	afluente	*tributary*
anxious	inquieto, nervioso	ansioso	*eager*
(to) appoint	nombrar	apuntar	*aim, note down*
arena	estadio	arena	*sand*
argument	discusión, debate	argumento	*plot, topic, issue*
arm	brazo, arma	arma	*weapon*
army	ejército	armada	*navy*
assist	ayudar, auxiliar	asistir	*attend*
attend	asistir	atender	*pay attention*
balloon	globo	balón	*ball*
carpet	alfombra	carpeta	*folder, file*
casual	informal, desenfadado	casual (imprevisto)	*unforseen, unexpected*
casualty	muerte, baja, víctima	casualidad	*chance, accident*
character	personaje	carácter	*temperament, character*
college	universidad, facultad de…(humanidades)	colegio	*school (private school, parochial school)*
commodity	mercancía (producto genérico)	comodidad	*comfort, convenience*
complexion	tez, cutis	complexión	*build, constitution*
complimentary	de cortesía (gratuito)	complementario	*complementary*
comprehensive	extenso, exhaustivo	comprensivo	*understanding*
compromise	concesión, convenio (hacer concesiones ambas partes)	compromiso	*commitment*
concourse	explanada	concurso	*contest, quiz show*
condescendence	aire de superioridad	condescendencia	*affability, acquiescence*
conference	congreso	conferencia	*lecture*
confidence	confianza	confidencia	*secret*
conservative	conservador	conservativo, preservativo	*conservative, preservative*
consistent	compatible, coherente	consistente	*thick, solid, strong, sound*
constipated	estreñido	constipado	*cold*
content	satisfecho	contento	*happy*
(to) contest	contender	contestar	*(to) answer*
discussion	conversación	discusión	*argument*

disgrace	verguenza, deshonra	*desgracia*	*misfortune*
(to) disgust	repugnar	*disgustar*	*(to) upset, (to) displease*
disparate	distinto, diferente, dispar	*disparate*	*nonsense; foolish act*
diversion	distracción	*diversión*	*amusement*
educated	con una buena educación	*educado*	*polite*
embarrassed	avergonzado	*embarazada*	*pregnant*
exit	salida	*éxito*	*success*
gang	pandilla, banda	*ganga*	*bargain*
gracious	gracioso	*cortés, gentil, misericordioso*	*funny, cute*
grades	notas	*grados*	*degrees*
idiom	expresión idiomática, frase hecha	*idioma*	*language*
ingenuity	ingeniosidad	*ingenuidad*	*naivety*
inhabited	habitado	*inhabitado, sin habitantes*	*uninhabited*
injury	herida, lesión	*injuria*	*insult, slander*
introduce	presentar	*introducir*	*to put in, to insert*
journalist	periodista	*jornalero*	*day laborer*
juice	jugo, zumo	*juicio*	*judgment*
large	grande	*largo*	*long*
lecture	conferencia	*lectura*	*reading*
library	biblioteca	*librería*	*bookstore*
ludicrous	ridículo	*lúdico*	*playful, ludic*
luxury	lujo	*lujuria*	*lust*
mark	mancha, huella	*marca*	*brand*
mayor	alcalde	*mayor*	*major, older(est)*
misery	sufrimiento, aflicción, pena, desdicha	*miseria*	*extreme poverty, destitution; squalor*
(to) molest	abusar (sexualmente)	*molestar*	*annoy, disturb*
notice	aviso	*noticia*	*news*
obsequies	exequias	*obsequios*	*gifts*
offense	delito	*ofensa*	*insult (ver crime)*
pan	cacerola	*pan*	*bread*
parade	desfile	*parada*	*stop*
parents	padres (padre y madre)	*parientes*	*relatives*

physician	médico	físico	*physical*
position	posición opinión o actitud adoptada sobre un asunto; categoría o condición social **posición** o **postura**: actitud o modo en que alguien o algo está puesto	puesto	*job*
predicament	problema	predicamento ('reputación')	*reputation*
(to) pretend	fingir	pretender	*(to) intend, mean to*
(to) prevent	evitar	prevenir, impedir	*(to) prevent*
(to) procure	conseguir, obtener	procurar	*try, get*
proficiency	habilidad, competencia		
propaganda	anuncios persuasivos	propaganda	*advertisement*
question	pregunta	cuestión	*matter, issue*
quiet	callado	quieto	*still, motionless*
realize	darse cuenta	realizar	*carry out, implement*
recipient	receptor	recipiente	*container, vessel*
(to) record	grabar	recordar	*(to) remember*
red	rojo	red	*net*
relevant	pertinente, aplicable	relevante	*notable, outstanding*
remove	quitar	remover, revolver	*to stir*
resume	continuar, reanudar	resumir	*to summarize*
rope	cuerda, soga	ropa	*clothes, garnment*
salvage	rescatar, salvar	salvaje	*savage*
sauce	salsa	sauce	*willow*
scholar	erudito	escolar	*pupil*
sensible	sensato, juicioso	sensible	*sensitive*
severe	grave	severo	*strict, harsh*
support	apoyar	soportar	*tolerate, put up with, (can't) stand*
sympathy	compasión	simpatía	*friendliness, charm*
target	objetivo	tarjeta	*card*
taller	más alto (forma comparativa de superioridad del adjetivo *tall*: alto)	taller	*workshop*

 Para dominar la mecánica

A.1. Consulte la lista de falsos amigos e indique cuál de las dos palabras completa correctamente la oración.

Trabajo individual, corrección individual

1. Te lo digo como _____ porque eres mi mejor amiga, pero te advierto que nunca he hablado de este asunto con nadie. **(confidencia/confianza)**

2. Decídanse, ¿son ustedes _____ o liberales? Como liberales, sería escandaloso _____ esa propuesta de ley. **(conservativos/conservadores; soportar/apoyar)**

3. Fue una _____ para la familia perder al padre en el incendio. **(vergüenza/desgracia)**

4. El estereotipo es que los artistas son _____ y los hombres de negocio, _____ **(sensatos, sensibles)**

5. ¿Asististe a _____ sobre literatura femenina que ofreció la profesora la semana pasada? **(lectura/conferencia)**

Puntaje 7 pts: esperado ☐ obtenido ☐

B.1. Consulte la lista de falsos amigos e indique cuál de las dos palabras completa correctamente la oración.

1. Me sentí feliz cuando el profesor _____ a Isabel Allende después de su conferencia. **(me introdujo/me presentó)**

2. Ernesto, gritarle a tu amigo que era deshonesto fue una gran _____. **(herida/injuria)**

3. El Dr. Fernández es un _____ en la materia. Ha hecho investigaciones exhaustivas sobre el tema. **(escolar/erudito)**

4. Para Luis, el triunfar como artista era una _____ de honor. **(pregunta/cuestión)**

5. Por favor, sólo quiero que hagan silencio, que _____ por lo menos por cinco minutos. (**se queden quietos/se queden callados**)

6. El acusado, enojado, tuvo una _____ con su abogado pues éste no quería creerle que era inocente. (**conversación/discusión**)

7. Si hay algo que no puedo _____ es la injusticia. (**soportar/mantener**)

8. Me encuentro en una _____ difícil pues soy amigo de ambos. (**postura/posición**)

9. Abrieron _____ a tiempo completo en la universidad y Fernando piensa solicitar. (**un puesto/una posición**)

10. Le encantan los juegos; debe ser por su carácter _____. (**lúdico/ridículo**)

Puntaje 10 pts: esperado ☐ obtenido ☐

respuestas corregidas bien al trabajo de un compañero (a) ☐

B. 2. Complete las oraciones con la palabra correcta en español para el falso amigo entre paréntesis y haga cualquier ajuste necesario.

B. Trabajo individual/revisión por pares

1. El cáncer es una enfermedad terrible, pero _____, es el SIDA la enfermedad más devastadora de nuestros tiempos. (*actually*)

2. Debo enviar el _____ de mi ponencia antes de fin de mes. (*abstract*)

3. Lleva una vida _____; heredó una inmensa fortuna. (*affluent*)

4. En invierno le gusta _____ a la ópera, en verano a los conciertos al aire libre. (*attend*)

5. Los estudiantes están extremadamente _____ por el examen final. (*anxious*)

6. El juego de béisbol será en el _____ de la universidad. (*arena*)

7. La compañía contrató a un _____ en arquitectura colonial. (*adept*)

8. Es muy importante _____ a las personas necesitadas. (*assist*)

9. Tuvieron una _____ muy acalorada después de la cual decidieron separarse definitivamente. (*argument*)

10. Nos dieron unos productos _____ para que los probáramos antes de decidirnos a firmar el contrato. (*complimentary*)

11. Don Quijote es mi _____ literario favorito. (*character*)

12. Es un ególatra que siempre mira a todos con _____. (*condescendence*)

Puntaje 12 pts: esperado ☐ obtenido ☐

respuestas corregidas bien al trabajo de un compañero (a) ☐

C. 1. Consulte la lista de falsos amigos; escoja cinco (5) y escriba oraciones utilizando el equivalente correcto en español de cada falso amigo que escoja.

C. Trabajo individual, corrección en grupo

1. _____
2. _____
3. _____
4. _____
5. _____

Puntaje 5 pts: esperado ☐ obtenido ☐

3. Prefijos y sufijos

a. Prefijos comunes con igual significado en inglés y en español: *-in, -des* y *-anti*

El prefijo *-in* proviene del latín y significa: *supresión, negación, al interior de,* o *sobre*. Este prefijo adopta la grafía *-im* frente a *b* y *p* (**im**posible); la grafía *-i* frente a la *l* (**i**legible); y la grafía *-ir* frente a la *r*: **ir**responsable. En inglés, el prefijo *-in* conserva las mismas grafías que en español, excepto frente a la *l* que se dobla: *illegitimate*. En algunos casos toma la forma del sufijo *less*: (español: *in*útil; inglés: use*less*).

El prefijo *-des*, también del latín, indica: negación, o inversión del significado de la palabra a la que antecede.

♦**Ejemplos: des**contento; **des**vestir.

El prefijo *-anti*, proviene del griego y significa: opuesto o con propiedades contrarias.

♦**Ejemplo: anti**cristo.

prefijo	significado	equivalencia en inglés
-in →	*supresión, negación, al interior de, sobre*	*-in/-un* *-less* (sufijo)
se escribe		
-im →	frente a *b* y *p*	*-im*
-i →	frente a *l*	*-ll*
-ir →	frente a *r*	*-ir*
-des →	lo contrario de	*-dis/-un* *-less* (sufijo)
-anti →	contra	*-anti*

 Para dominar la mecánica

A. 1. Complete las columnas con la palabra en español y el antónimo (lo opuesto. Las negritas indican que el prefijo utilizado en español es diferente del utilizado en inglés.

A. Trabajo y corrección individual

inglés	español	antónimo
incomprehensible		
inaccurate		
insane		
inexpert		
impossible		

Puntaje 5 pts: esperado ☐ obtenido ☐

A. 2. Complete las columnas con la palabra en español y el antónimo (lo opuesto). Las negritas indican que el prefijo utilizado en español es diferente del utilizado en inglés.

inglés	español	antónimo
disadvantage		
disagreement		
disrespectful		
illegible		
illegitimate		
incriminate		
incurable		
indecent		
insatiable		
irrelevant		

motionless		
unconscious		
undo/unmake		
unemployed		
unequal		
unhurt/unharmed		
unpleasant		
unrecognizable		
unsatisfied		
unwanted		

Puntaje 20 pts: esperado ☐ obtenido ☐

B.1. Escriba oraciones originales utilizando el **antónimo** de la palabra en *cursiva*.

Trabajo individual/revisión por pares

1. Nadie podía descifrar el nombre del médico que le recetó las drogas contra el dolor porque su firma era *ilegible*.

2. Debes tener cuidado; no creo que sea *lícito* entrar plantas al país.

3. El hablar más de un idioma ha sido siempre una gran *ventaja*.

4. ¡Qué horror! El agente de la policía *cubrió* los hechos para que nunca se supiera la verdad.

5. El *desacuerdo* entre las dos familias se hizo más que evidente el día de la boda.

6. Lo que dices es *irrelevante* al caso. No tiene nada que ver con lo que sucedió.

7. La niebla cubría la carretera, los árboles y los otros autos haciendo que el paisaje pareciera *irreal*.

8. Debes *vestir* al niño con ropa caliente, está haciendo mucho frío.

9. Cierra la ventana, por favor; el olor que entra es muy *desagradable*.

10. Con esa ropa tan moderna y ese nuevo peinado, se ve *irreconocible*.

Puntaje 10 pts: esperado ☐ obtenido ☐

respuestas corregidas bien al trabajo de un compañero (a) ☐

C. 1. Escriba oraciones originales utilizando el **antónimo** de la palabra en *cursiva*.

C. Trabajo individual, corrección en grupo

1. No hay ninguna razón válida para lo que hizo; su comportamiento es *incomprensible*.

2. Su apreciación de los hechos es *exacta*.

3. El descubrimiento fue hecho por un *experto* en ciencias marinas.

4. Decir que la mujer es genéticamente menos inteligente que el hombre es indiscutiblemente *insensato*.

5. Hoy en día, gracias a los avances de la ciencia, algunos tipos de cáncer son *curables*.

Puntaje 5 pts: esperado ☐ obtenido ☐

b. Otros prefijos o sufijos comunes provenientes del griego (g) o del latín (l)

Aprender a reconocer los siguientes prefijos y sufijos nos ayudará enormemente a enriquecer nuestro vocabulario.

Prefijo o sufijo	Significado	Ejemplos
-a, -ad (l)	proximidad, dirección, tendencia, contacto, encarecimiento	anexo (anejo), asumir, adyacente, adherir, adjunto, admirar, adverso
-aero (g)	aire	aeronave, aerosol
-a, -an (g)	sin (ausencia, negación, privación)	amoral, analfabetismo, anestesia
-ante (l)	antes (en tiempo o espacio)	antecámara, antediluviano, anteojos
-anti (g)	contra (oposición); protección	anticapitalismo, antihéroe; antibiótico, antiséptico
-antrop(o), -antropía	hombre	antropófago, filantropía
-audi(o) (l)	oír	audífono
-aut(o)	por sí mismo, de sí mismo	automóvil, autoevaluación
-bi, -bis (l)	dos; repetición	bicentenario, bicultural, bilingüe; bisnieto
-biblio (g)	libro	biblioteca, bibliografía
-bio (g)	vida	biología, biótico
-caco (g)	malo	cacofonía
-co, -com, -con	unión, asociación	copartícipe, coproducción; compartir; concentrar
-cosm(o) (g)	mundo	cosmogonía, microcosmos
-cracia (g)	dominio, poder	burocracia; tecnocracia
-croma (g)	color	cromatina; policromado
-crono (g)	tiempo	cronología, anacrónico
-deca (g)	diez	decasílabo, decálogo

-demo (g)	pueblo	democracia, demografía
-des, -dis (l)	negación, acción inversa	desactivar, deshabitar, dislocar
-di (g)	duplicación	díptero, díptico
-di (l)	oposición	disentir; disimilitud
-dis (g)	anomalía	distinto, disimetría, dislexia, disfagia
-emia/ -hem (g)	sangre	anemia, hiperemia; hemorragia; hemoglobina
-encefal(o) (g)	cerebro	encefalitis
-endo (g)	dentro, en el interior	endometrio, endocarpio
-equi (l)	igual	equidistante, equilátero
-etno (g)	raza, pueblo	etnografía
-ex (l)	anterior, fuera, más allá	excéntrico; exterior; ex almirante, ex esposa
-extra (l)	fuera de, mucho (muy)	extraordinario, extraterrestre, extraoficial
-fil(o), -filia (g)	que ama	filántropo, filatelia, cinéfilo, bibliofilia, hispanofilia
-fobo, -fobia (g)	miedo	agorafobia
-fono, -fonía (g)	sonido, voz	sinfonía, teléfono
-gamia (gr)	unión	monogamia
-geo (g)	tierra	geografía
-grafía (g)	escribir	dactilografía
-hemi (g)	mitad	hemisferio
-homo (g)	semejanza	homólogo, homosexual, homogéneo
-in, -im (frente a *b* y *p*; -i (ir frente a *r*) (l)	negación, contrario	indecente, imposible, irreal
-inter (l)	entre, en medio de	intergaláctico
-intra (l)	dentro de	intramuros
-intro (l)	hacia adentro	introvertido
-itis (g)	inflamación	otitis, laringitis
-kilo (g)	mil	kilómetro
-latría/latra (g)	adoración	idolatría
-log(o), logía (l)	especialista, ciencia, conocimiento	logaritmo, antropología
-macro (g)	grande	macrocosmos

-metro (g)	medida	metrónomo
-micro (g)	pequeño	microbio
-mono (g)	uno, único	monografía
-morf(o), -morfia (g)	forma	morfología, amorfia
-multi (l) poli (g)	numeroso	multicolor, policromado
-necro (g)	cadáver	necromancia
-neo (g)	nuevo	neonatal
-omni (l)	todo	omnisapiente
-pos, -post (l)	detrás, después	posponer, postmodernismo
-pre (l)	anterioridad	prehistoria
-retro	hacia atrás	retrovisor
-seud(o) (g)	falso	seudo intelectual
-sin (g)	unión	sincronía
-sub (l)	debajo, inferioridad	subyacente, subalterno
-te(o) (g)	dios	teología
-trans, -tras	cambio, del otro lado, a través de	transportar, trasandino

 Para dominar la mecánica

A. 1. Llene los blancos con una palabra de la siguiente lista. Refiérase a la lista de prefijos y sufijos anteriores.

cosmopolita, cronológico, filatelia, omnisciente, microcosmos, subestimado, equilibrado, autodidacta, cosmogonía, bienal, filántropo, antihistamínicos, cacofonía, filantropía, seudónimo, monopolio

A. Trabajo y corrección individual

1. Las obras del realismo mágico se caracterizaron por una clara ruptura del tiempo _____ en la narración.

2. *El Popol Vuh* o *Libro del consejo* nos presenta la _____ del pueblo maya. Era para este pueblo, lo que la Biblia para los judeocristianos.

3. El presidente de Brasil, Luis Ignacio Lula, no hizo estudios universitarios; en muchos aspectos es _____.

4. El norteamericano Bill Gates se ha convertido en un _____ de grandes proporciones. Su _____ va dirigida a mejorar las condiciones de salud y educación de los más desfavorecidos.

5. El mejor remedio contra la alergia son los _____.

Puntaje 6 pts: esperado ☐ obtenido ☐

A. 2. Llene los blancos con una palabra de la siguiente lista. Refiérase a la lista de prefijos o sufijos anteriores.

cosmopolita, cronológico, filatelia, omnisciente, microcosmos, subestimado, equilibrado, autodidacta, cosmogonía, bienal, filántropo, antihistamínicos, cacofonía, filantropía, seudónimo, monopolio

1. La _____ de sus voces hacía daño al oído.

2. No tuvieron problemas para cargar las maletas; habían _____ muy bien el peso.

3. El narrador es de tercera persona _____. Sabe todo lo que sucedió y sucederá en la novela.

4. En esa novela, la familia representa un _____ de la sociedad.

5. Nadie conoce su verdadero nombre pues firma sus obras con un _____.

6. Decidió renunciar a su puesto pues se sentía _____ por su jefe.

7. Nunca he visitado París, pero dicen que es una ciudad tan _____ como Nueva York.

8. La _____ es su pasión. Colecciona estampillas de todas partes del mundo.

9. Se hacía imposible controlar los precios porque su compañía mantenía el _____ sobre ese tipo de productos en el país.

10. Cada dos años se celebra la _____ de Arte de Venecia.

Puntaje 10 pts: esperado ☐ obtenido ☐

B.1. Partiendo de la tabla de prefijos y sufijos, defina en sus propias palabras los siguientes términos.

B. Trabajo individual/revisión por pares
1. faringitis: _____
2. asexual: _____
3. interdisciplinario: _____
4. internacional: _____
5. amorfo: _____
6. necrología: _____
7. monolingüe: _____
8. monoteísta: _____
9. politeísta: _____
10. polifonía: _____
11. kilogramo: _____
12. teocracia: _____
13. ateo: _____
14. poliforme: _____
15. democracia: _____

Puntaje 15 pts: esperado ☐ obtenido ☐
respuestas corregidas bien al trabajo de un compañero (a) ☐

C. 1. Partiendo de la tabla de prefijos y sufijos, defina en sus propias palabras los siguientes términos.

C. Trabajo individual, corrección en grupo
1. claustrofobia: _____
2. homófono: _____
3. intravenoso: _____
4. biólogo: _____
5. macro encefálico: _____

Puntaje 5 pts: esperado ☐ obtenido ☐

respuestas corregidas bien al trabajo de un compañero (a) ☐

C. 2. Partiendo de la tabla de prefijos y sufijos escriba diez (10) nuevas palabras y luego defínalas en sus propias palabras. Enseguida, utilícelas en una oración. Consulte el diccionario para confirmar la ortografía y definición de sus palabras.

---

1. _____: _____

2. _____: _____

3. _____: _____

4. _____: _____

5. _____: _____

6. _____: _____

7. _____: _____

8. _____: _____

9. _____: _____

10. _____: _____

Puntaje 20 pts: esperado ☐ obtenido ☐

c. Sufijos derivativos adjetivos

El saber reconocer los sufijos derivativos resulta de suma utilidad para la comprensión de un texto, así como para la expansión de nuestro léxico ya que la función de este tipo de sufijo es crear una nueva palabra a partir de la primera.

La palabra creada supone un cambio en su categoría gramatical; se pueden crear, por ejemplo, adjetivos a partir de verbos: (amar: amable); sustantivos a partir de verbos (comer: la comida), o de adjetivos (brillante: la brillantez); o adverbios añadiendo la terminación –*mente* al femenino de los adjetivos (rápido: rápid*amente*).

En esta sección nos ocuparemos fundamentalmente de los sufijos derivativos adjetivos; los sufijos derivativos sustantivos los estudiaremos en detalle en la sección siguiente por su importancia en el proceso de nominalización.

Los sufijos en la tabla a continuación denotan adjetivos calificativos, es decir, describen al sustantivo que acompañan. Si sabemos que "agradar" significa "complacer o gustar", podemos deducir que algo o alguien "agradable" es algo o alguien que "agrada", es decir, que produce complacencia o gusto.

Sufijo	Ejemplos
-able	agradable, confiable, incomparable, inconmensurable, insondable, potable, perdonable
-ado/a	animado, cansado, extasiado, enamorado, industrializado
-ante	brillante, pedante, radiante
-dor/a	adulador, agotador, calculador, comprometedor, conmovedor
-ente	aparente, excelente, permanente
-ero/a	duradero, lisonjero, placentero
-ible	apetecible, comible, digestible, indecible, predecible
-ido	afligido, entretenido, perdido
-iente	durmiente, estupefaciente, sonriente, obediente, valiente
-ista	optimista, perfeccionista, pesimista, comunista, socialista
-ivo/a	caritativo, comprensivo, excesivo, exclusivo, extensivo, llamativo
-oso/a	espantoso, indecoroso, mentiroso, tembloroso, supersticioso
-tor/a	deflector, destructor, protector, reductor, seductor
-uble	disoluble, soluble, voluble

Para dominar la mecánica

A. 1. Empareje el adjetivo con su definición.

A. Trabajo y corrección individual

_____ 1. sobresaliente	a. mayor de lo común
_____ 2. humillante	b. que agobia
_____ 3. abrumador	c. que hace daño
_____ 4. maloliente	d. que padece muchas enfermedades
_____ 5. desmesurado	e. que destaca
_____ 6. hiriente	f. que hiede
_____ 7. achacoso	g. que degrada

Puntaje 7 pts: esperado ☐ obtenido ☐

B. 1. Empareje el adjetivo con su definición. Luego, dé un sinónimo, y si posible, un antónimo.

B. Trabajo individual/revisión por pares

		sinónimo	antónimo
_____ 1. intrigante	a. sumamente atractivo		
_____ 2. fascinante	b. que causa horror		
_____ 3. venerable	c. que inspira curiosidad		
_____ 4. espeluznante	d. digno de respeto		
_____ 5. efímero	e. que permanece en el tiempo		
_____ 6. perdurable	f. que inspira desprecio		
_____ 7. deleznable	g. de corta duración		

Puntaje 7 pts: esperado ☐ obtenido ☐

respuestas corregidas bien al trabajo de un compañero (a) ☐

C. 1. Escoja diez (10) de entre los verbos siguientes y forme diez adjetivos. Luego úselos en oraciones. Si lo desea, puede usar otros verbos distintos de los de la lista.

lamentar, meditar, viajar, admirar, iluminar, desprender, honrar, temblar, adular, razonar, confiar, alarmar

C. Trabajo individual, corrección en grupo

1. _____: _____

2. _____: _____

3. _____: _____

4. _____: _____

5. _____: _____

6. _____: _____

7. _____: _____

8. _____: _____

9. _____: _____

10. _____ : _____

Puntaje 20 pts: esperado ☐ obtenido ☐

> **C. 2.** En el párrafo siguiente, subraye los adjetivos y escriba los verbos de los que proceden. ¡Ojo!, no todos los adjetivos proceden de verbos.

Al caer la tarde, la callada luz de la luna otoñal comenzó su ascensión hacia un cielo lóbrego y revuelto. El viento, que comenzaba a levantarse como un torbellino por entre los árboles, se volvía molesto y desagradable. No podía avanzar; era como si sus pies se hubiesen convertido en bolas de plomo que lo amarraban al suelo mientras que su melena anochecida se alborotaba en todas direcciones golpeándole la cara a latigazos e impidiéndole ver el camino. Estaba claro, no podría seguir. Tendría que detenerse y buscar resguardo en alguna cueva cercana. ¡Quién lo hubiera pensado! Cuando comenzó el viaje, hacía menos de una hora, el agradable y seductor sol del mediodía lo había animado a lanzarse a la aventura. Estaba enamorado de ese rincón de la tierra, y ese sol de comienzos de otoño (ni ardiente como el del verano, ni helado como el de entrado el invierno) le causaba un cosquilleo que comenzaba por la corona de los dedos del pie, y perezosamente subía ganando centímetro a centímetro su extasiado cuerpo.

Puntaje 10 pts: esperado ☐ obtenido ☐

d. Sinónimos y antónimos

En esta sección estudiaremos los sinónimos y antónimos como modo de ampliar nuestro vocabulario. Todos los ejercicios a continuación tienen ese objetivo.

Cuando pensamos en el significado de la palabra "sinónimos" viene a nuestra mente la idea de igualdad, es decir vocablos o expresiones que tienen la misma significación. Sin embargo, es pertinente recordar que en ocasiones dos palabras no significan exactamente lo mismo, sino que son parecidas o representan matices dentro de una gama. Por ello, es siempre recomendable utilizar el diccionario para confirmar nuestra selección del vocablo adecuado, y de igual modo, tener en cuenta el contexto de nuestro escrito. Así, por ejemplo, aunque albo es sinónimo de blanco, no sería correcto decir un "vino albo". En cuanto a los antónimos, es claro que expresan ideas opuestas o contrarias: *antes* y *después*; *loco* y *cuerdo*; *blanco* y *negro*, sin embargo, como con los sinónimos, debemos tener cuidado con los matices.

 Para dominar la mecánica

A. 1. Sinónimos. Empareje.

A. Trabajo y corrección individual

1. _____ misericordia	a. avaro
2. _____ indolencia	b. equivocarse
3. _____ pusilánime	c. cándido
4. _____ precoz	d. indiferencia
5. _____ palidez	e. resplandor
6. _____ errar	f. divino
7. _____ soberbio	g. indulgencia
8. _____ tacaño	h. prodigio
9. _____ pánfilo	i. lividez
10. _____ incipiente	j. medroso
11. _____ inefable	k. fatuo
12. _____ fulgor	l. naciente

Puntaje 12 pts: esperado ☐ obtenido ☐

A. 2. Antónimos. Empareje.

1. _____ avaro	a. lozanía
2. _____ equivocarse	b. retrasado
3. _____ cándido	c. oscuridad
4. _____ indiferencia	d. agonizante
5. _____ resplandor	e. magnánimo
6. _____ divino	f. humilde
7. _____ indulgencia	g. acertar
8. _____ prodigio	h. interés
9. _____ lividez	i. ordinario, común
10. _____ medroso	j. intolerancia
11. _____ fatuo	k. sagaz
12. _____ naciente	l. valiente

Puntaje 12 pts: esperado ☐ obtenido ☐

B. 1. El pasaje que sigue pertenece a *Platero y yo*, del escritor español Juan Ramón Jiménez (1881-1958). Con la ayuda de un diccionario, cambie las palabras en negrita por antónimos o ideas opuestas. A continuación, una lista de palabras de entre las cuales puede escoger. Puede modificarlas (conjugar los verbos, etc.) o utilizarlas tal como están:

grande, refunfuñar, ritmo apático, morder, fuertemente, acero, paso lúgubre, algodón, mar, húmedos, claro, destruir, cruel, frío, débil, áspero, delicado, hierro, duro, blando, agua, brujo, monstruo, enfurecidamente.

B. Trabajo individual, revisión por pares

Platero es **pequeño**, peludo, **suave**; tan **blando** por fuera, que se diría todo de **algodón**, que no lleva huesos. Sólo los espejos de **azabache** de sus ojos son **duros** cual dos escarabajos de cristal **negro**.

Lo dejo suelto y se va al prado, y **acaricia tibiamente** con su hocico, **rozándolas apenas**, las florecillas rosas, celestes y gualdas... Lo llamo **dulcemente**: "¿Platero?", y viene a mí con un **trotecillo alegre** que parece que **se ríe**, en no sé qué **cascabeleo ideal**...
***

Es **tierno** y **mimoso** igual que un **niño**, que una **niña**...; pero **fuerte** y **seco** por dentro, como de **piedra**...
***

1. ¿Cómo cambia la descripción de Platero con los antónimos?

_____

Puntaje 20 pts: esperado ☐ obtenido ☐
respuestas corregidas bien al trabajo de un compañero (a) ☐

> **B. 2.** El siguiente es un poema del escritor español Mariano José de Larra (1809-1837). Busque en el diccionario un sinónimo para cada una de las palabras en negrita. Algunos sinónimos se encuentran en el mismo poema.

Oda
¿Por qué, mariposilla,
volando de hoja en hoja,
haciendo vas alarde
ya de **inconstante** y loca?   _____

¿Por qué, me di, no imitas
la abeja que **industriosa**   _____
el jugo de las flores
constante en una **goza**?   _____
…
Advierte que no **vaga**   _____
del alelí a la rosa,
que *una* entre miles busca
y una **fragante** sola.   _____

Y cuando ya la **elige**   _____
hasta exprimirla toda,
jamás **voluble** pasa   _____
sin **disfrutar**la a otra.   _____

Vuela, avecilla, vuela,
 recoge sus **aromas**,   _____
y **tórnate** a mí luego   _____
y dame cuanto cojas.

Puntaje 10 pts: esperado ☐ obtenido ☐
respuestas corregidas bien al trabajo de un compañero (a) ☐

B. 3. Complete los blancos con el antónimo de la palabra en cursiva. Escoja de entre los vocablos a continuación. No olvide hacer las concordancias necesarias. Luego, utilice un diccionario para encontrar un sinónimo y escriba una oración.

lacónico, obstinación, codicia, auténtico, insípido, integridad, sacrílego, cauteloso, inclemente.

1. Luego de analizarlo, se dieron cuenta de que el documento que presentó como _____ era una *imitación* muy cuidada.

2. Mientras sus supuestos amigos, con gran *deshonestidad* lo denunciaban, él, sin embargo, mostró una gran _____ al negarse a revelar sus nombres.

3. A causa de las lluvias torrenciales, las fresas, que el año pasado se dieron tan *exquisitas*, este año resultaron_____.

4. Su _____ mensaje contrastaba sobremanera con lo *florido* de la carta que le había enviado la semana anterior.

5. La _____ de los españoles, manifestada en su obstinación por conseguir oro y plata a cualquier precio, contrastaba con la *generosidad* mostrada por los indígenas.

Oraciones con sinónimos:

1. _____
2. _____
3. _____
4. _____
5. _____

Puntaje 10 pts: esperado ☐ **obtenido** ☐

respuestas corregidas bien al trabajo de un compañero (a) ☐

> **C. 1.** Lea cuidadosamente el siguiente pasaje de *María*, novela del autor colombiano Jorge Isaacs (1837-1895). Busque en la lista de palabras provista un sinónimo para cada vocablo en negrita. Los verbos provistos están en infinitivo, por lo tanto, cuando se trate del reemplazo de un verbo, debe conjugarlo en el tiempo adecuado; si se trata de un adjetivo o sustantivo, haga las concordancias correspondientes. **Corrija sobre la palabra.**
> anterior a, dormitorio, separar, cerro, cena, impreciso, camino, suspiro, musitar, desanudar, entrecortar, pena

C. Trabajo individual, corrección en grupo

 María

María es considerada la novela romántica por excelencia dentro de la literatura latinoamericana.

Era yo niño aún cuando me **alejaron** de la casa paterna para que diera principio a mis estudios en el colegio del doctor Lorenzo María Lleras, establecido en Bogotá hacía pocos años, y famoso en toda la República por aquel tiempo.

En la noche **víspera** de mi viaje, después de la **velada**, entró a mi cuarto una de mis hermanas, y sin decirme una sola palabra cariñosa, porque los **sollozos** le **embargaban** la voz, cortó de mi cabeza unos cabellos: cuando salió, habían rodado por mi cuello algunas lágrimas suyas.

Me dormí llorando y experimenté como un **vago** presentimiento de muchos **pesares** que debía sufrir después. Esos cabellos quitados a una cabeza infantil; aquella precaución del amor contra la muerte delante de tanta vida, hicieron que durante el sueño vagase mi alma por todos los sitios donde había pasado, sin comprenderlo, las horas más felices de mi existencia.

A la mañana siguiente mi padre **desató** de mi cabeza, humedecida por tantas lágrimas, los brazos de mi madre. Mis hermanas al decirme sus adioses las enjugaron con besos. María esperó humildemente su turno, y **balbuciendo** su despedida, juntó su mejilla sonrosada a la mía, helada por la primera sensación de dolor.

    Pocos momentos después seguí a mi padre, que ocultaba el rostro a mis miradas. Las pisadas de nuestros caballos en el **sendero** guijarroso ahogaban mis últimos sollozos. El rumor del Sabaletas, cuyas vegas quedaban a nuestra derecha, se aminoraba por instantes. Dábamos ya la vuelta a una de las **colinas** de la vereda en las que solían divisarse desde la casa viajeros deseados; volví la vista hacia ella buscando uno de tantos seres queridos: María estaba bajo las enredaderas que adornaban las ventanas del **aposento** de mi madre.

 **Puntaje 12 pts: esperado** ☐ **obtenido** ☐

D. 1. Relea el pasaje de *María* y conteste las siguientes preguntas. Conserve sus apuntes para la sección sobre la explicación de texto.

D. Ejercicios alternativos: trabajo individual, discusión en clase

1. ¿Qué evento nos cuenta el narrador en este pasaje?

_____
_____
_____
_____
_____
_____
_____
_____
_____
_____

2. Lea el texto original en voz alta, y luego, con los cambios que usted introdujo en el ejercicio del libro de texto. ¿Lo siente diferente? ¿En qué

sentido? ¿Por qué cree usted que el autor escogió las palabras que usó y no otras? Dé ejemplos para justificar su respuesta.

_____
_____
_____
_____
_____
_____
_____
_____
_____

3. ¿Cuál es el tono del mismo? Subraye en el texto las palabras o expresiones que contribuyen a marcarlo. (Recuerde que el tono de un escrito está dado por la actitud del autor frente al tema desarrollado).

_____
_____
_____
_____
_____
_____
_____
_____

Puntaje 12 pts: esperado ☐ obtenido ☐

| e. Campos semánticos |

Un campo semántico está constituido por un conjunto de palabras relacionadas por su significado, las que comparten características comunes o referenciales.

Un ejemplo concreto es el siguiente: campo semántico de

amistad ⎬ afecto
cariño
aprecio
camaradería
compañerismo
confraternidad

El siguiente es un pasaje de la novela *Marianela* del escritor español Benito Pérez Galdós (1843-1920).

 Marianela

Ejemplo: note las palabras en negrita; podemos decir que se trata del campo semántico de "la noche" y todo lo asociado con la misma: el fin, la oscuridad, la muerte, el sueño.

"**Se puso el sol**. Tras el breve **crepúsculo** vino tranquila y **oscura** la **noche**, en cuyo **negro** seno **murieron** poco a poco los **últimos** rumores de la tierra **soñolienta**, y el viajero siguió adelante en su camino, apresurando su paso a medida que avanzaba la **noche**."

| Para dominar la mecánica |

A. Trabajo y corrección individual

| **A. 1.** Sugiera un término que resuma el campo semántico al que pertenece el siguiente grupo de palabras.
alucinación, espejismo, fantasía, ficción, idea, imaginación, ilusión, quimera, utopía |

Campo semántico: _____

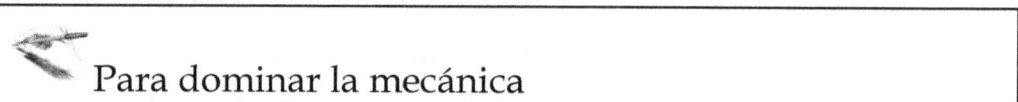

A. 2. Separe la serie de palabras en los siguientes campos semánticos: crimen, oído, olfato y realidad

fétido, homicida, acústico, víctima, tañido, disputas, aspirar, existencia, rumor, disparo, fragancia, crujir, susurro, olfatear, verdad, tragedia, hedor, certidumbre, certeza, prueba

Hay 5 palabras para cada campo.

crimen	oído
olfato	realidad

Puntaje 20 pts: esperado ☐ obtenido ☐

A. 3. Empareje las palabras del campo semántico del teatro con su significado.

_____1. monólogo	a. parlamento dicho como reflexión en voz alta
_____2. actos	b. representación sin palabras
_____3. farsa	c. conjunto de obras que tiene preparadas una compañía teatral
_____4. parodia	d. partes en que se divide una obra
_____5. tramoya	e. conjunto de decorados de una obra teatral
_____6. pantomima	f. partes en que se divide un acto
_____7. deus ex máchina	g. máquinas para efectos especiales
_____8. escenografía	h. género literario donde predominan las pasiones
_____9. repertorio	i. pieza cómica breve
_____10. escenas	j. obra de un solo personaje
_____11. drama	k. personaje divinidad en teatro antiguo
_____12. soliloquio	l. imitación burlesca

Puntaje 12 pts: esperado ☐ obtenido ☐

> **B. 1.** Relea el pasaje de *María* y responda:

B. Trabajo individual/revisión por pares
a) ¿Cuál es el campo semántico?

_____

_____

b) ¿Qué hay de común en todas esas palabras?

_____

_____

c) Si comparamos *María* con *Marianela*, ¿qué hay de común entre ambos textos en términos del campo semántico?

_____

_____

_____

_____

Puntaje 3 pts: esperado ☐ obtenido ☐

respuestas corregidas bien al trabajo de un compañero (a) ☐

> **C. 1.** El siguiente es un pasaje del cuento "Dr. Zamenhofstraat" (Premio "Poetry Park" Holanda, 1989), escrito por Gustavo Gac-Artigas (1944-), chileno, cuando vivía en Rótterdam como refugiado político. Subraye las palabras y expresiones asociadas con los campos semánticos indicados a continuacón del texto.

C. Trabajo individual, corrección en grupo

Dr. Zamenhofstraat

Mi calle huele. Huele a especias amables venidas de lejos, aromas misteriosos que dilatan mis narices a medida que la atravieso caminando sin rumbo sin querer salir de su vientre.

Huele a mi infancia cuando allá lejos, muy lejos de mi calle en otra calle que sí es mi calle, al borde de un riachuelo, bajo la sombra de un viejo sauce llorón mi abuelo nos leía cuentos de lejanos países, de príncipes y magos, de mujeres que se movían al ritmo de las delicadas ramas del viejo sauce, llorando eternamente, llamando al amor eternamente al igual que mi abuelo, centenario y eterno enamorado.

Mi calle huele a mundo, a los generosos mercados de Grecia, a sus aceitunas, a sus grandes y multicolores tambores donde unos enormes huesos de marfil se bañaban acariciados por unos blancos porotos cultivados en el corto lapso de tiempo que existe entre un verso y otro, tras la escena de Epidauro.

a) campo semántico del olfato:

_____

_____

_____

b) campo semántico de la vista:

_____

_____

_____

c) campo semántico del gusto:

_____

_____

_____

C. 2. Escoja un tema y desarróllelo en uno o dos párrafos cortos (unas 200 palabras), concentrándose al hacerlo, en explotar un campo semántico específico. Puede describir a alguien, o un evento, o una sensación, o un sentimiento.
Luego, intercambie su párrafo con un compañero y pídale que identifique el campo semántico utilizado.

Puntaje 5 pts: esperado ☐ obtenido ☐

D.1. Basado en el pasaje del cuento "Dr. Zamenhofstraat" responda a la pregunta.

D. Ejercicios alternativos: trabajo individual, discusión en clase

1. a. ¿Qué efecto provoca en el lector la utilización de esos diversos campos semánticos? ¿Diría usted que fue acertado el autor al escoger sus palabras?

D. 2. Los siguientes términos corresponden al campo semántico del análisis literario. Busque su definición en el diccionario, escríbalas en su cuaderno y conserve sus notas para la sección sobre el comentario o la explicación de textos: *acción, acotaciones, ambiente, argumento, asunto, figuras retóricas, métrica, narrador omnisciente, personajes, perspectiva de narración, rima tema, trama*

F. Los calcos del inglés: cómo evitarlos

Otro problema frecuente en los estudiantes angloparlantes es el calco de estructuras gramaticales y sintácticas del inglés al escribir en español. Veamos algunos casos frecuentes y cómo corregirlos. Comenzaremos por la utilización del gerundio en inglés en instancias en que el español se sirve del infinitivo.

♦ **Ejemplos:**

(El) fumar es dañino para la salud.   *Smoking* is harmful to your health.

1. Usos del infinitivo

Use el infinitivo, y no el gerundio, después de una preposición y en la combinación *al* + infinitivo como equivalente de *upon* + *ing* o *when* + *verb*

Algunas preposiciones de uso común
- a
- con
- de
- en
- por   → **use infinitivo**
- para
- sin
- después de
- antes de

Use **al + infinitivo** como equivalente de → *upon + ing* o *when + verb*

Use el **infinitivo** después de los verbos → *odiar*, *gustar*

correcto	**incorrecto**
Después de nadar, jugaremos a la pelota.	*Después de nadando*, jugaremos a la pelota.
Gracias *por devolver* los libros a la biblioteca.	Gracias *por devolviendo* los libros a la biblioteca.
Terminó su tarea *al llegar* a la casa.	Terminó su tarea *al llegando* a la casa.

Me *gusta escribir*.
Odio *estudiar* para este tipo de examen.

Me *gusta escribiendo*.
Odio estudiando para este tipo de examen.

2. Usos del gerundio

Use el **gerundio**:

- como núcleo del predicado en una proposición subordinada (*by/when + ing*)

  Trabajando duro, realizaremos nuestros sueños.
  By working hard, our dreams will come true.

- para expresar simultaneidad, continuidad en el presente o repetición

  Siempre trabaja *cantando*.
  Cuando llegó estaba *sonriendo*.
  Ha estado *durmiendo* desde que llegó.
  Estuvo *lloviendo* por tres días consecutivos.

- para mostrar anterioridad con respecto a la acción expresada por el verbo principal.

  Llorando, se quedó dormido.
  Se quedó dormido *llorando*.

- como adverbio (complemento circunstancial de un verbo)

  El niño se fue *llorando*.
  Los ladrones le pegaron al perro y éste salió *corriendo*.

- en las leyendas al pie de las fotos

  El rey Juan Carlos *recibiendo* a los dignatarios extranjeros.

No use el gerundio para expresar acciones futuras o posterioridad con respecto al verbo principal. En ese caso, use el pretérito.

correcto	**incorrecto**
Regresó del exilio y *murió* meses después.	Regresó del exilio, *muriendo* meses después.

No use el gerundio como adjetivo (acompañando un sustantivo), salvo en contadas excepciones como en los ejemplos agua *hirviendo* o bosque *ardiendo*.

correcto	incorrecto
En Nueva Jersey aprobaron una nueva ley *que limita* la edad para comprar armas.	En Nueva Jersey aprobaron una nueva ley *limitando* la edad para comprar armas.
Encontraron archivos *que contenían* datos sobre el atentado.	Encontraron archivos *conteniendo* datos sobre el atentado.

Para traducir al español los adjetivos terminados en *-ing*, utilice una frase adverbial o un adjetivo. A continuación, una lista de frases comunes que incluyen adjetivos terminados en *--ing* y su equivalencia en español.

drinking water	agua potable
a burning sensation	una sensación de ardor
an interesting/amusing story	una historia interesante/divertida
a smiling face	una cara sonriente
a shining object	un objeto brillante
a refreshing view	una visión refrescante
running water	agua corriente
an exciting place	un lugar emocionante
a frightening experience	una experiencia que da miedo/que asusta
a horrifying scream	un grito de espanto
a crying baby	un niño que llora
a calming effect	efecto calmante
a frustrating situation	una situación frustrante
a never-ending story	una historia que nunca termina/una historia de nunca acabar
an eye-catching sign	un letrero llamativo
a breathtaking/heartbreaking news	una noticia que deja sin aliento/desgarradora
an earsplitting noise	un ruido ensordecedor
a heartwarming scene	una escena conmovedora

Para dominar la mecánica

A. 1. Reescriba las siguientes oraciones utilizando *al + infinitivo*.

A. Trabajo y corrección individual
- Ejemplo: Cuando regresemos a casa, te ayudaré con las tareas.
   Al regresar a casa, te ayudaré con las tareas.

1. Cuando caiga la tarde, nos pondremos en camino.
_____

2. Cuando escuchó su mensaje, se puso a llorar.
_____

3. Cuando lleguen a la clase, por favor, abran sus cuadernos en la tarea del día.
_____
_____

4. Cuando vieron el examen, los estudiantes se tranquilizaron.
_____

5. Fue cuando se mudaron a Madrid que decidieron aprender español.
_____

6. Cuando termine de leer, escribiré el ensayo.
_____

7. Fue cuando corrigieron el examen que los profesores se dieron cuenta de que faltaba una pregunta.
_____

8. Es cuando te alejas de tu familia que te das cuenta de cuánto la quieres.
_____

Puntaje 8 pts: esperado ☐ obtenido ☐

© Todos los derechos reservados. Su reproducción es ilegal

B.1. Traduzca las siguientes oraciones al español. Ponga atención al uso del infinitivo.

B. Trabajo individual/revisión por pares

1. He fell asleep upon completing his report.

2. Taking a cab will be faster than walking.

3. Smoking is hazardous to your health.

4. Writing was his only passion.

5. After spending five hours at the library, he went back home.

6. I only use drinking-water to prepare food.

7. She bought a new sleeping bag.

8. I like swimming in the river.

9. I hate going out when it rains.

10. I like singing in the rain.

11. I hate working here.

12. "La fiesta ajena," by Liliana Heker, is a heartbreaking story.

13. I do not like reading those never-ending stories.

14. I had a burning sensation in my face.

15. There was a shinning object at the end of the road.

Puntaje 15 pts: esperado ☐ obtenido ☐

respuestas corregidas bien al trabajo de un compañero (a) ☐

C. 1. Decida si en las siguientes oraciones se ha usado el gerundio correctamente. Corrija las oraciones que crea incorrectas.

C. Trabajo individual, corrección en grupo

1. El niño está estudiando, la niña, practicando el violín.
2. Estarán trabajando por unas ocho horas adicionales.
3. Decidió que se mudarían, enviando a sus hijos a vivir con los abuelos.
4. Se dio cuenta de que el agradable olor entrando por la ventana, salía de los rosales floreciendo en el jardín.
5. Me enviaron una carta diciendo la verdad.
6. Nos gusta estudiar escuchando música clásica.
7. Han estado cantando todo el día.
8. ¿Qué han estado haciendo todo este rato?
9. Lo encontraron con dos maletas conteniendo dinero.
10. Leyenda de foto: La presidenta Bachelet inaugurando el nuevo edificio.

Puntaje 10 pts: esperado ☐ obtenido ☐

3. Uso de los verbos convertirse (en), llegar a ser, ponerse, quedarse y volverse.

Todos estos verbos se utilizan en contextos diferentes en español para expresar un cambio. En inglés equivalen a la idea de *to become* o de *to get to be*. *

verbo	uso	ejemplo
convertirse en + sustantivo ⟶	para indicar un cambio debido a circunstancias fuera de nuestro control; expresa la idea de *to turn into*	El gallardo príncipe se convirtió en sapo.
llegar a ser/ hacerse + sustantivo o adjetivo ⟶	para indicar un cambio producto de esfuerzo, de lucha por un objetivo o de un cambio de estatus social, político, etc.	Llegó a ser rico por esfuerzo propio. Trabajó duro para que sus hijos se hicieran profesionales.
ponerse + adjetivo ⟶	para expresar cambios físicos, mentales o emocionales generalmente súbitos y de corta duración	Lydia se puso roja cuando escuchó el piropo. Se puso muy nervioso por el examen.
volverse + adjetivo ⟶	para expresar cambios en general súbitos, pero de larga (a veces permanente) duración	Se volvió loca por la muerte repentina de su único hijo.

* Algunas de las expresiones con estos verbos tienen un verbo equivalente. En esos casos, es preferible utilizar los verbos.

ponerse rojo	enrojecer; ruborizarse	*to turn red, to redden, to blush*
ponerse viejo	envejecer	*to get old*
ponerse pálido	palidecer	*to turn pale*
ponerse enojado	enojarse	*to get angry*
ponerse alegre	alegrarse	*to be happy*
ponerse triste	entristecerse	*to become sad*
ponerse mejor	mejorarse	*to get better*
ponerse irritado	irritarse	*to become irritable*
volverse rico	enriquecerse	*to get rich*

Para dominar la mecánica

A. 1. Subraye la repuesta correcta. Explique su respuesta.

A. Trabajo y corrección individual

1. Heriberto siempre (se pone; se vuelve; se convierte) extremadamente nervioso cuando llegan los exámenes finales.
2. Después de ganar la lotería, Juan Ramón (se puso; se convirtió; se volvió) en el soltero más codiciado de su ciudad.
3. Cuando Cenicienta llegó al baile, las hermanastras (se convirtieron; se pusieron; se hicieron) furiosas.
4. Gracias al hada madrina, la calabaza (se puso; se convirtió; se hizo) en una carroza.
5. Con el tiempo, Sor Juana Inés de la Cruz (llegó a ser; se puso; se convirtió) una escritora de renombre.

Puntaje 5 pts: esperado ☐ obtenido ☐

B. 1. Complete las oraciones con una forma de *convertirse, llegar a ser o hacerse, ponerse o volverse*.

B. Trabajo individual/revisión por pares

1. Después de la muerte de sus padres, Juan _____ en un hombre taciturno.
2. Después de ganar el Oscar, el actor _____ arrogante.
3. Tienes que estudiar mucho, hijo, para que _____ alguien en la vida.
4. Los ladrones _____ furiosos cuando llegó la policía.
5. Su problema de alcoholismo es serio; cada vez que se emborracha _____ en un monstruo.

Puntaje 5 pts: esperado ☐ obtenido ☐
respuestas corregidas bien al trabajo de un compañero (a) ☐

> **C. 1.** Escriba 5 oraciones utilizando los verbos *convertirse en, llegar a ser o hacerse, ponerse* y *volverse* y algunos de los verbos reflexivos que pueden remplazarlos.

C. Trabajo individual, corrección en grupo

1. _____

2. _____

3. _____

4. _____

5. _____

Puntaje 5 pts: esperado ☐ obtenido ☐

> **4. Sustantivos o verbos en inglés con más de un significado en español**

En esta sección, repasaremos el uso correcto de la traducción de palabras en inglés que, por tener varias acepciones en español, pueden inducir a error.

a. Equivalentes del sustantivo *time*: tiempo, hora, época, vez

Cuando buscamos la palabra *time* en el diccionario inglés-español, la primera traducción que aparece es "tiempo". Sin embargo, dependiendo del contexto, en español podemos hablar de *hora, época, tiempo* o *vez*. Aprender a reconocer los diferentes contextos en que se utilizan esas palabras es vital para la corrección al escribir. ¡Ojo!, *to have a good time* se traduce como pasarlo bien o divertirse mucho. Tener buen/mal tiempo equivale a *to have good/bad weather*.

sustantivo	uso	ejemplo
tiempo	para hablar del clima (*weather*)	¿Qué tiempo hace en Buenos Aires en primavera?
	para hablar del tiempo en abstracto	No tengo tiempo de nada. ¡El tiempo pasa tan rápido! Hace tiempo que no sé de Luis. ¿Estará enfermo?
	para expresar el periodo de tiempo general que toma realizar una acción	¿Cuánto tiempo te tomó llegar a la universidad? ¿Hace cuánto tiempo que estudias español?
	para referirse a una época histórica en general (en este caso también puede usarse época)	Las pirámides de Egipto fueron construidas en el tiempo (en la época) de los faraones.
	en las expresiones a/de tiempo completo (*full-time*); a/de medio tiempo (*half-time*); a/de tiempo parcial (*part-time*)	Trabajo a tiempo completo.
	usado **en plural**, para referirse a parte de la vida de un individuo entre límites no determinados	En mis tiempos, los hijos respetaban a sus padres.
hora	para referirse a la hora del día marcada por el reloj	¿Qué hora es? Son las tres de la tarde.
	para expresar cantidad de horas específicas que toma realizar una acción	El vuelo de San Juan a Nueva York demora tres horas y media.
	para expresar que es el momento de hacer algo	Ya es la hora de ir a clase.
	para referirse al último instante de la vida	Le llegó la hora. (la hora de morir)

época →	para referirse al tiempo histórico o a un tiempo de larga duración	Los primeros grandes murales datan de la época de las cavernas. La primavera es la época de las flores; el verano, de las vacaciones.
	para referirse a un momento del año, de la vida de una persona o de una sociedad	Siempre nos visitaban para la época de nuestro aniversario.
vez/veces →	para referirse a la cantidad de ocasiones en que se realiza una acción	He visitado México solamente una vez (*once*); dos veces (*twice*); tres veces (*three times*); muchas veces (*many times*). Tienes que lavar el auto otra vez (*again*). A veces (*sometimes*) estudio. Cada vez (*each time*) que no traigo el paraguas, llueve.
	en la expresión "Había' o 'Érase una vez..." (*Once upon a time...*) para comenzar a narrar una historia infantil	Había/Érase una vez una niña llamada Rizos de oro...

 Para dominar la mecánica

A. 1. Complete las oraciones con *hora(s)*, *tiempo(s)*, *vez/veces* o *época*.

A. Trabajo y corrección individual

1. No tengo _____ de ir al cine porque trabajo toda la noche.

2. En la _____ de la colonización los indios fueron forzados a aprender español.

3. Había una _____ una princesa que perdió su reino.

4. Hace _____ que Roberto no viene a vernos.

5. Hoy hace buen _____; hace sol y no hace ni mucho frío ni mucho calor.

6. A la cama, niños, que es la _____ de dormir.

7. ¿Cuántas _____ has estado enfermo este año?

8. Esta _____ sí que no me pierdo el concierto de Juanes.

Puntaje 8 pts: esperado ☐ obtenido ☐

B. 1. Complete las oraciones con *hora(s), tiempo(s), vez/veces* o *época*.

B. Trabajo individual/revisión por pares

1. Por lo general, en primavera hace buen _____ en los Estados Unidos.

2. ¡Dense prisa, que ya va a ser la _____ de "American Idol!"

3. Sor Juana Inés de la Cruz nació en 1648. En aquella _____ las mujeres no tenían acceso a la universidad.

4. Demoró solamente tres _____ en escribir su ensayo.

5. Mi abuelo decía que en sus _____ la gente no miraba tanto la televisión.

6. ¿Trabajas a medio _____ o a _____ completo?

7. Mi padre siempre dice que cuando le llegue la _____ no quiere que le den ningún tratamiento especial para resucitarlo.

8. Lo fui a visitar para la _____ de Navidad.

Puntaje 9 pts: esperado ☐ obtenido ☐
respuestas corregidas bien al trabajo de un compañero (a) ☐

C. 1. Escriba 6 oraciones utilizando los diferentes equivalentes de *time*.

C. Trabajo individual, corrección en grupo

_____
_____
_____
_____
_____
_____
_____
_____
_____
_____
_____
_____
_____

Puntaje 6 pts: esperado ☐ obtenido ☐

b. Equivalentes en español de los sustantivos *back, beginning, character, country, date, end/ending, front, light, paper, party, people, public, reading* y *writing*:

sustantivo	equivalente	ejemplo
back →	espalda	Me duele mucho la espalda por haber cargado tanto peso.
	respaldo	Apoyó su mano en el respaldo del asiento.
	trasero (de atrás)	Pintaremos de blanco la parte trasera (de atrás) de la casa.
	atrás	Se sentó atrás. (en el asiento trasero[del coche, el bus, etc]).

beginning →	principio, comienzo, inicio	Este es el comienzo del fin.
	origen	El origen de esa ley se encuentra en las luchas de los campesinos.
character →	personaje (de una obra)	El personaje de Frida Kahlo fue interpretado por Salma Hayek.
	carácter (características síquicas, afectivas y morales de un individuo)	Juan tiene muy buen carácter.
country →	campo	No me gusta el bullicio de la ciudad, prefiero la tranquilidad del campo.
	país	En mi país, Argentina, existe una gran población de origen italiano.
	patria	Los soldados están orgullosos de morir por su patria.
date →	fecha	¿Cuál es la fecha de hoy?
	cita (con una pareja) salir (con alguien)	Tengo una cita con Leonardo. Voy a salir con Juan.
	pareja (novio o novia)	¿Quién será tu pareja para el baile de graduación?
	fechar	Tienes que fechar el documento.
end/ending →	fin, final, extremo, punta,	El fin del mundo está cerca. La cuerda tiene dos extremos.
	desenlace	Me sorprendió el final/desenlace de la novela. *The End* se traduce: Fin
front →	la frente (parte de la cabeza)	Juan se cayó y se golpeó en la frente.
	el frente, la fachada	Pintaremos el frente/la fachada de la casa de blanco.
	(a)delante, delantero	Se sentó adelante. (en el asiento delantero [del coche, bus, etc.]).

light →	luz (iluminación)	Por favor, apaga la luz antes de salir.
	ligero (opuesto de pesado)	Tomó un desayuno ligero. Siempre viajo ligero de equipaje. (con poco equipaje)
	claro (refiriéndose al color)	Llevaba un vestido azul claro.
	superficial, trivial (en sentido figurado: que carece de profundidad)	Es autora de novelitas superficiales.
paper →	papel (hoja en que se escribe)	Para escribir necesitamos lápiz y papel.
	trabajo (académico)	Para la clase tienen que escribir un trabajo de 12 páginas.
	ponencia (en un congreso)	Leeré una ponencia sobre la poesía vanguardista.
	periódico (cuando se refiere al *newspaper*)	Lo leí en *El País*, un periódico de confianza.
	usado en **plural**: documentos (oficiales)	¿Tienen todos sus documentos en regla para el viaje?
	* ¡Ojo! En español se usa la palabra papel para referirse al rol (*part*) en una obra	¡Está contentísimo! Le dieron el papel de Hamlet.
party →	fiesta	La fiesta de Juan fue muy divertida.
	partido político	En Estados Unidos hay dos grandes partidos, el Demócrata y el Republicano.
	cómplice (*participant, accomplice*)	Lo acusaron de cómplice del crimen.
	grupo (en los restaurantes)	Reservaré una mesa para un grupo de seis.

people →	gente	Puerto Rico tiene fama por la hospitalidad de su gente.
	personas (individuos)	Miles de personas asistieron al concierto de Shakira.
	pueblo (nación)	En nuestro país, el presidente es elegido por el pueblo en elecciones generales.
public →	público (antónimo de privado)	El gobierno municipal se encarga de proteger los espacios públicos.
	el público (la audiencia)	El público entusiasmado aplaudió a Enrique Iglesias.
reading →	lectura (material de lectura: *reading-matter*)	Tienen que terminar la lectura para el viernes.
	lectura (acción de leer)	La lectura de esos poemas les dará una idea de los temas favoritos de Gabriela Mistral.
	lectura (interpretación, por ejemplo de una ley, de un texto)	¿Cuál es tu lectura/interpretación del texto?
writing →	escrito (*written work*)	Los escritos/las obras de Cervantes…
	escritura, trabajo literario	Tiene suerte; es uno de los pocos que puede vivir de su escritura.
	letra (*handwriting*)	En general, los médicos tienen una letra casi ilegible.
	* ¡Ojo! *In writing* se dice: por escrito.	Tienen que entregarme todo por escrito.

Para dominar la mecánica

A. 1. Complete las oraciones con el equivalente en español de alguno de los siguientes sustantivos
character, country, date, light, paper, party, people, public, reading and *writing*

A. Trabajo y corrección individual

1. La profesora pidió las respuestas _____.

2. Mi _____ de ficción favorito es Úrsula, la de *Cien años de soledad*.

3. José Martí fue un verdadero patriota; luchó por la independencia de su _____

4. El color verde _____ te luce muy bien.

5. Bajo los gobiernos dictatoriales, los _____ políticos son suprimidos, menos el partido del dictador.

Puntaje 5 pts: esperado ☐ obtenido ☐

B. 1. Complete las oraciones con el equivalente en español de alguno de los siguientes sustantivos:
character, country, date, light, paper, party, people, public, reading and *writing*

B. Trabajo individual/revisión por pares

1. El _____ muestra si un espectáculo le gusta o no con sus aplausos.

2. La _____ es mi pasatiempo favorito.

3. García Márquez ganó reconocimiento internacional por su _____, cuyo estilo ha influido a numerosos escritores.

4. ¿Qué _____ desempeñó Penélope Cruz en la película de Almodóvar?

5. No estoy de acuerdo con su _____ de la novela; si la

leemos detenidamente nos damos cuenta de que el autor quería decir totalmente lo contrario.

Puntaje 5 pts: esperado ☐ **obtenido** ☐

respuestas corregidas bien al trabajo de un compañero (a) ☐

C. 1. Complete las oraciones con el equivalente en español de los siguientes sustantivos:
character, country, date, light, paper, party, people, public, reading and writing

---

C. Trabajo individual, corrección en grupo

1. Nos conocimos el verano pasado en el balneario _____ de la ciudad.

2. Fue acusado de ser _____ del robo al banco.

3. Elena no quiere ir a la _____ de Año Nuevo porque no tiene _____.

4. Con ese _____ tan temperamental no va a durar mucho en ese trabajo.

Puntaje 5 pts: esperado ☐ **obtenido** ☐

c. Equivalentes de los verbos *to fail, to get, to move, to save, to support*

Verbo	equivalentes	ejemplos
to fail	fallar (dejar de funcionar)	El corazón le falló. Me falla la memoria.
	fallar (no acertar)	Le falló la puntería.
	suspender, no pasar (una asignatura, un grado)	Lo suspendieron en español porque faltó a clase más de tres semanas durante el semestre. No pasó el examen porque no estudió.
	fracasar (no tener éxito)	¡Es una pena!; fracasó en sus

		estudios y en su vida.
	fallar(le) a alguien; no responder como se espera	Luis, les has fallado a tus padres, pero lo peor es que te has fallado a ti mismo.
to get	comprar	Compré el vestido en El Corte Inglés.
	recibir	¿Cuántos mensajes electrónicos recibes al día? ¿Qué recibiste para Navidad?
	entender, comprender	¿Entiendes lo que quiso decir?
	conseguir	Conseguí un buen empleo cuando me gradué de la universidad.
	obtener (sacar, refiriéndose a notas en exámenes, clases, etc.)	Obtuve/saqué 97 en el examen de español.
	llegar a un lugar	¿A qué hora llegaron anoche?
to move	mudarse (cambiar de residencia)	Me mudé a Nueva York por razones de empleo.
	trasladar (cambiar a alguien a otro puesto u oficina)	Lo trasladaron a la oficina de Santiago.
	mover (se) (cambiar de lugar algo o una parte del cuerpo) * ¡Ojo! Para expresar *to be moved by something* utilice: emocionarse	Tienes que mover el coche. Mueve la pierna, para yo poder sentarme a tu lado. La película me emocionó hasta las lágrimas.
to save	salvar(le) la vida a alguien	El pescador le salvó la vida al niño que se estaba ahogando.
	ahorrar (energía o dinero)	Al ahorrar energía, también

		ahorramos dinero.
	guardar (*to put aside, keep*)	Guárdame un pedacito de torta para más tarde, ahora no tengo hambre.
to support	mantener una familia	Roberto tiene dos trabajos para poder mantener a su familia.
	apoyar, respaldar (un partido, una causa, etc.)	Yo respaldaré al candidato cuyo programa de gobierno sea más realista. Todos apoyamos la causa de los ecologistas.
	* ¡Ojo! Soportar significa sostener o resistir un peso físico, o tolerar, aguantar una carga en sentido figurado (*to bear*).	No puedo soportar el peso de las maletas. ¿Qué pusiste en ellas, piedras? Sube la calefacción, por favor, que ya no soporto el frío.
to spend	pasar tiempo	Pasamos nuestras vacaciones en Chile. Pasamos tres semanas en Valencia.
	gastar dinero	Gasté todo mi dinero en libros.

 Para dominar la mecánica

A. 1. Complete con uno de los equivalentes en español del verbo en inglés. No altere el tiempo verbal de la oración original.

A. Trabajo y corrección individual

1. Nunca le *have failed* _____ a nadie.

2. Carlos, ¿*did you spend* _____ mucho dinero en regalos navideños para tu familia?

3. Mi hija tiene la piel muy delicada, apenas puede *bear* _____ el sol.

4. ¿Cuánto tiempo *did you spend* _____ en Madrid el verano

pasado?

5. (Yo) te *saved* _____ un pedazo de pizza para más tarde.

6. ¿*Did you get* _____ un buen trabajo cuando te graduaste?

7. La primera vez que tomé el examen de conducir, *I failed it* _____.

Puntaje 7 pts: esperado ☐ **obtenido** ☐

B. 1. Complete con uno de los equivalentes en español del verbo en inglés.

B. Trabajo individual/revisión por pares

1. ¿Dónde *did you get* _____ tu ordenador nuevo?

2. La compañía *moved* _____ sus oficinas principales a la India.

3. ¿Cuánto dinero *did you save* _____ el año pasado?

4. Existe mucha gente que *support*_____ las investigaciones con células embrionarias.

5. *I can not bear* _____ cuando los niños se ponen a llorar sin razón.

6. *I was moved* _____ mucho ver a Jacinto después de tantos años.

7. Me gusta *spend* _____ tiempo con mi familia.

8. Es importante *to save* _____ energía si queremos *to save* _____ el planeta.

Puntaje 9 pts: esperado ☐ **obtenido** ☐

respuestas corregidas bien al trabajo de un compañero (a) ☐

B. 2. Diga si en las siguientes oraciones se usó la palabra correcta. Corrija las que estén incorrectas.

B. Trabajo individual/revisión por pares

1. Para mi cumpleaños *entendí* varios regalos de mis amigos y de mi familia.

2. Mi madre sabe que me encantan las tortas de chocolate, por eso me *salvó* un buen pedazo para que lo comiera a mi regreso de la universidad.

3. El médico logró *salvar* al niño a quien le había *suspendido* el corazón.

4. No quiero *pasar* más dinero en alquilar películas.

5. Tiene una infección en los ojos y eso hace que no pueda *mantener* la luz.

6. ¿Cuánto tiempo *gastaron* en Sevilla?

7. Ha trabajado en distintos países; cada dos meses lo *mudan* a un país diferente.

8. Tu auto está bloqueando la entrada; tienes que *moverlo*.

9. Escuchar esa canción me trajo recuerdos de mi juventud, lo que me *movió* como nunca lo hubiera pensado.

10. *Conseguí* una "A" en el examen de ortografía.

Puntaje 10 pts: esperado ☐ obtenido ☐

respuestas corregidas bien al trabajo de un compañero (a) ☐

C. 1. Escriba diez (10) oraciones utilizando diferentes equivalentes de los verbos *to fail, to get, to move, to save, to support*.

C. Trabajo individual, corrección en grupo

_____
_____
_____
_____

Puntaje 10 pts: esperado ☐ obtenido ☐

5. Verbos de movimiento que presentan dificultad para los estudiantes angloparlantes

verbos	uso	ejemplos
ir (*to go*)	para expresar movimiento hacia un determinado lugar (*towards another place than where the speaker is*)	Voy a la universidad todos los días, excepto los viernes. (El hablante no está en la universidad) Iré a Madrid el año próximo.
	para expresar que se lleva determinada prenda de vestir	Iba sin camisa cuando lo vi. Siempre va vestido de negro.
	en sentido figurado, para expresar que algo no es adecuado o conveniente para alguien	Ese color no te va (no te sienta) bien.
irse/ marcharse (*to go away, leave*)	para insistir en que dejamos de estar en un lugar	Adiós, María, ya me voy/ ya me marcho. Se marcharon de madrugada. Se fue a dormir. (Ya no está aquí; dejó este lugar)
salir (*to go outside a place*)	para expresar la idea de ir fuera de un lugar (en general cerrado)	Salió al balcón. Salimos de la casa a las ocho en punto.
(*to leave*)	para indicar la partida de un medio de transporte o salir de viaje.	El tren para Barcelona sale a las tres. Salió para París en el avión de las ocho.
	* ¡Ojo! En español se utiliza el verbo *salir* para expresar una relación más o menos estable entre dos personas	Luisa y Ricardo salen juntos desde el año pasado. El sábado voy a salir con mis amigos.

	(*to go steady*) o to go out socially	
partir (*to leave*)	alejarse de un lugar	Dicen que partir es morir un poco.
	ponerse en marcha	Los chicos partieron temprano en la mañana.
dejar (*to leave*)	poner o colocar algo en un sitio	Dejé el libro sobre la mesa.
	abandonar un lugar	Dejó Chile, su país, después del golpe militar del setenta y tres.
	abandonar, dejar de hacer algo	Dejó de fumar por temor al cáncer.
	apartarse o alejarse de una persona o cosa	Dejé a mis padres en el aeropuerto y regresé a casa.
dejarse (*to break-up*)	separarse una pareja	Nos dejamos porque ya no nos queríamos.
venir (*to come*)	para expresar movimiento de allá para acá (*to where the speaker is*).	Vengo a la universidad todos los días, excepto los viernes. (El hablante está en la universidad)
traer (*to bring here*)	trasladar algo o a alguien al lugar donde se encuentra el hablante	Pedro, ¿tú vas a traer tus DVD's a la fiesta? (Pedro aún no está en la fiesta, el hablante sí)
llevar (*to take there*)	para expresar que el hablante va a transportar algo o a alguien a otro lugar	Voy a llevar la ropa a la tintorería. Tengo que llevar los niños a la escuela.
	para expresar la idea de transportación en un vehículo de un lugar a otro	El bus 240 me lleva justo hasta la esquina de mi casa.
	para expresar que se tiene puesta una prenda de vestir	Hoy llevo impermeable porque está lloviendo.
	*¡Ojo! La expresión *llevar y traer* significa andar en	No me gusta contarle nada a

| chismes (*gossips*) y cuentos | María porque ella lleva y trae. |

Para dominar la mecánica

A. 1. Escoja la respuesta que mejor complete la oración.

A. Trabajo y corrección individual

1. Decidió (parar/dejar/partir) de fumar cuando supo que estaba embarazada.
2. Planeamos casarnos el mes próximo; hace dos años que (vamos juntos/salimos juntos/partimos juntos).
3. Tuvo que (salir/ir/dejar) Chile en la época de la dictadura de Pinochet.
4. Los vuelos a Santiago (van/dejan/salen) de JFK.
5. La mamá de Luis lo llama por teléfono a la universidad:
   Mamá: ¿Cuándo (vienes/sales/vas) para la casa?
   Luis: El próximo sábado.
   Mamá: ¿A qué hora piensas (ir/salir) para acá?
   Luis: A las diez de la mañana.
   Mamá: No te olvides de (llevar/traer) la ropa sucia para lavártela.

Puntaje 5 pts: esperado ☐ obtenido ☐

B. 1. Rellene con un verbo de movimiento que le dé sentido a la oración. Escoja entre: *marcharse, salir, dejar, ir, venir*.
No se olvide de conjugar el verbo en el tiempo conveniente.

B. Trabajo individual/corrección por pares

1. Muchos españoles tuvieron que _____ su país durante la dictadura de Franco.
2. Rogelio y Leticia _____ juntos desde hace más de un año.
3. _____ en 1973, y nunca más regresaron a su patria.

4. La abuelita de Lorenzo (en su casa): ¿Cuándo _____ a visitarme?
   Lorenzo: _____ a verte tan pronto tenga vacaciones.

Puntaje 10 pts: esperado ☐ obtenido ☐

respuestas corregidas bien al trabajo de un compañero (a) ☐

C. 1. Escoja la respuesta que mejor complete la oración.

C. Trabajo individual, corrección en grupo

1. Ahora estoy en la universidad. Si quieres, puedes (ir/irme/venir) a recogerme y de aquí, nos (venimos/vamos/salimos) juntas a la conferencia de Carlos Fuentes.
2. Muchos salvadoreños (salieron/fueron/dejaron) su país durante la Guerra Civil.
3. De lunes a jueves hay vuelos entre Lima y Santiago que (van/dejan/salen) temprano en la mañana.
4. Acabo de hablar con la profesora y me dijo que está muy molesta porque nunca (traigo/llevo/voy) los libros a clase. (el hablante está en la clase)
5. Lidia está en su casa y llama por teléfono a Ernesto: "Ernesto, cuando (vayas/salgas/vengas) a casa para estudiar, por favor, ¿puedes (llevar/dejar/traer) tu calculadora para revisar los ejercicios de cálculo?
6. Me parece fenomenal que hayas decidido (parar/dejar/partir) de fumar. Es un hábito perjudicial a la salud.
7. Mi novio y yo nos peleamos y nos (llevamos/salimos/dejamos) hace una semana.

Puntaje 9 pts: esperado ☐ obtenido ☐

C. 2. Escriba cinco (5) oraciones utilizando correctamente verbos de movimiento incluidos en esta sección.

_____
_____
_____
_____
_____

_____
_____
_____
_____
_____
_____

Puntaje 5 pts: esperado ☐ obtenido ☐

> **D.** El siguiente es un poema de la escritora cubana Gertrudis Gómez de Avellaneda (1814-1873). Léalo con detenimiento y luego conteste las preguntas. Para algunas de las respuestas, tal vez necesite usar conocimientos adquiridos en otras clases o consultar una enciclopedia o libro de texto. Conserve sus notas para la sección sobre el comentario o explicación de texto.

D. Ejercicios alternativos: trabajo individual, discusión en clase

Al partir

¡Perla del mar! ¡Estrella de Occidente!
¡Hermosa Cuba! Tu brillante cielo
la noche cubre con su opaco velo,
como cubre el dolor mi triste frente.

¡Voy a partir!... La chusma diligente,
para arrancarme del nativo suelo
las velas iza y, pronta a su desvelo,
la brisa acude de tu zona ardiente.

¡Adiós, patria feliz, edén querido!
¡Doquier que el hado en su furor me impela,
tu dulce nombre halagará mi oído!

¡Adiós!... Ya cruje la turgente vela...
El ancla se alza... El buque, estremecido,
las olas corta y silencioso vuela.

1. ¿Qué tipo de poema es en cuanto a su forma? ¿Cuántas estrofas tiene, y cómo se llaman esas estrofas?

2. ¿Qué figura retórica hay en la frase "el buque estremecido"?

3. Mencione los apelativos que el yo poético le da a su país, y describa, a partir de los mismos, sus sentimientos por su patria.

4. ¿Cuál es el tono del poema? ¿Qué carga emocional hay en el verbo de movimiento que sirve de título al poema?

5. Busque en el poema elementos que prueben que la poeta no está abandonando su país voluntariamente. ¿Cómo se siente el yo poético por tener que abandonar su país?

6. ¿Qué efecto tiene el uso de las frases exclamativas a través de todo el poema?

7. ¿Qué otros elementos del Romanticismo encontramos en el poema?

8. Basándose en el poema, ¿qué sentimiento se asocia normalmente con el partir?

6. Otros verbos que se prestan a confusión

verbo	uso	ejemplos
pedir (*to ask for something*)	para expresar la idea de *to ask for something*	Luis me pidió que le pasara el libro que estaba sobre la mesa. Le pedí dinero a mis padres.
(*order*)	para ordenar en el restaurante	¿Qué van a pedir/ordenar?
(*to request* o *to demand*)	para expresar la idea de *to request* o *to demand*	Te pido que me dejes en paz.
	en expresiones comunes como: *pedir un favor; pedir un préstamo* o *pedir prestado; pedir dinero, pedir perdón*	Pedí un préstamo al banco para comprar un coche.
preguntar/ hacer una pregunta (*to ask for*)	expresar la idea de pedir información	Los estudiantes le preguntaron a la profesora la fecha del examen final. Los estudiantes inteligentes hacen muchas preguntas. (***Nunca diga preguntar una pregunta pues es redundante).
	para inquirir por alguien o por algo	La profesora preguntó por ti; le preocupan tus repetidas ausencias.
	*para expresar la idea de *to ask someone out*, use **invitar**	Jason invitó a Rocío al cine.
realizar	llevar a cabo una acción	Luis realizó su trabajo en menos tiempo del esperado.
	hacer realidad	Realizó su sueño de ser un escritor famoso.
	realizador: director de una película	El realizador obtuvo un subsidio del gobierno para su película.
darse cuenta	comprender, percatarse	El coronel Aureliano Buendía se dio cuenta de que tanta guerra

(*to realize*)		no había servido para nada.
crecer (*to grow*)	para expresar la idea de aumentar gradualmente de tamaño	Los niños crecen mucho en los primeros meses de vida. El pelo y las uñas me crecen rápidamente.
	en la expresión *dejarse crecer*	Luis se dejó crecer la barba para verse mayor.
criar (*to bring up*)	para expresar la idea de *to bring up* (individuos o animales)	Mis padres nos criaron con mucho cariño. El abuelo de Pepe tenía una finca y criaba caballos.
sembrar/ (*plant up*)	para expresar la idea de esparcir la semilla, plantar	Sembraron árboles en medio de la plaza.
recordar (*to remember* o *to remind*)	tener o traer algo a la memoria *El verbo recordar **no** se utiliza en pronominal: *recordarse*, ni tampoco con la presposición *de*. La oración "Siempre **nos** recordamos **del** abuelo". Es incorrecta.	¿Recuerdas el día de tu graduación de primer grado? Hace tiempo que no la veo; no recuerdo bien su cara. ¡No me lo recuerdes! Si mal no recuerdo…
acordarse (de) (*to remember*)	para expresar la idea de recordar algo o a alguien	Siempre me acuerdo de traer los libros a clase. -¿Te acuerdas de Rosa María? -¡Claro que me acuerdo! Siempre nos acordamos del abuelo.
aprender (*to learn*)	adquirir conocimiento a través del estudio o la experiencia	Este semestre hemos aprendido mucho.
saber (en pretérito)	descubrir, enterarse de (*to find out*)	Ayer (supe/descubrí/ me enteré de) que estabas enfermo.

Para dominar la mecánica

A. 1. Escoja la respuesta que mejor complete la oración.

A. Trabajo y corrección individual

1. (¿Supiste/Aprendiste) que tu padre te llamó por teléfono?
2. Ya no (no recuerda/se acuerda) de sus abuelos pues no los ve desde que tenía tres años de edad.
3. Yo quiero (crecer/criar) a mis hijos en el campo; es más seguro.
4. Ayer (supe/aprendí) que cerrarían la empresa el mes próximo.
5. (¿Se acuerdan/Recuerdan) ustedes cuál es el título de la más reciente novela de Isabel Allende?
6. Mis abuelos (criaron/crecieron) diez hijos con un salario muy modesto.
7. ¿Dónde (sembraron/crecieron) ustedes los tomates cuyas semillas trajeron de la granja?
8. Nunca (recuerdo/acuerdo) dónde dejo las llaves del coche.
9. (Aprendió/Supo) que padecía de cáncer de una manera inesperada.
10. ¿Quién (te aprendió/te enseñó) a cocinar tan rico?

Puntaje 10 pts: esperado ☐ obtenido ☐

B. 1. Escoja la respuesta que complete correctamente la oración.

B. Trabajo individual/revisión por pares

1. Luis me (preguntó/pidió) si quería estudiar con él para los exámenes finales.
2. Me gusta mucho Tina; creo que voy a (preguntarla/invitarla/pedirla) al cine este fin de semana.
3. ¿Qué desean (pedir/preguntar)? El especial de hoy son las papas a la huancaína.
4. No siempre (nos damos cuenta/realizamos) a tiempo de nuestros errores.
5. Tienen 10 minutos para (realizar/darse cuenta) todo el trabajo.
6. La familia no (realizó/se dio cuenta) de que Úrsula estaba ciega hasta muy tarde.
7. Este verano, por la falta de lluvia, las manzanas no han (crecido/criado).
8. Mi padre tenía una finca en el campo donde (criaba/crecía) conejos.
9. Yo (crecí/crié) en la ciudad.

10. El ladrón lo amenazó con un arma y le (preguntó/pidió) las llaves del auto.

Puntaje 10 pts: esperado ☐ **obtenido** ☐

respuestas corregidas bien al trabajo de un compañero (a) ☐

C. 1. Escoja la respuesta que complete correctamente la oración.

C. Trabajo individual, corrección en grupo

1. En casa nos (criaron/crecieron) en la tolerancia.
2. Los campesinos (sembraron/crecieron) papas, maíz y tomates.
3. Sintió mucho que su abuelo no (hubiera recordado/se hubiera acordado) de su cumpleaños.
4. Siempre (me recordaré/me acordaré) de ti.
5. (¿Se acuerdan/Recuerdan) ustedes la última película de Almodóvar?
6. Desde el accidente, (no recuerda/se acuerda) nada de su pasado.
7. ¿Dónde (aprendiste/supiste) a cocinar tan rico?
8. Ayer (supe/aprendí) que el examen final sería la semana próxima.
9. (Aprendieron/Supieron) a hablar otras lenguas en el exilio.
10. (Supiste/Aprendiste) a manejar cuando tenías dieciséis años.

Puntaje 10 pts: esperado ☐ **obtenido** ☐

C. 2. Escoja la respuesta que complete correctamente la oración.

1. El profesor les (preguntó/pidió) a los alumnos si querían participar en la obra de teatro.
2. Fue al leer el libro que (se dio cuenta/realizó) cuán difícil sería la tarea.
3. Vamos a (pedir/preguntar) el especial de la casa.
4. Necesito ir al banco para (preguntar por/pedir) un préstamo.
5. Ernesto (me invitó/me preguntó/me pidió) a la fiesta de Leticia.
6. La familia (realizó/se dio cuenta) de que Juan tenía problemas de adicción cuando ya era demasiado tarde. Es una pena.
7. La falta de lluvia hizo que las hortalizas no (crecieran/criaran).
8. (Realizaron/Se dieron cuenta) el trabajo en menos tiempo del esperado.

Puntaje 10 pts: esperado ☐ **obtenido** ☐

Capítulo 1. Técnicas para lograr concisión y precisión (libro de texto [LT] p. 23)

A. La nominalización (LT p. 23)

1. Nominalización a partir de verbos (deverbales) (LT p.24)

 Para dominar la mecánica

A. 1. Con la ayuda de un diccionario, y siguiendo las reglas generales presentadas en el libro de texto, escriba el sustantivo derivado de los siguientes verbos en la columna correspondiente.

A. Trabajo y corrección individual

Verbo	Sustantivo: -ción (-sión, -xión)	Sustantivo: -ncia	Sustantivo: -miento	Sustantivo: -ida
celebrar				
comer				
conectar				
conocer				
cooperar				
creer				
crucificar	crucifixión			
cumplir				
eliminar				
entender				
exagerar				
exigir				

existir				
exonerar				
explicar				
explorar				
explotar				
exponer	**exposición**			
felicitar				
formar				
ganar				
imaginar				
importar				
improvisar				
insistir				
instalar				
investigar				
invitar				
levantar				
mandar				
mejorar				
nace				
organizar				
participar				
partir				
pensar				
poner	**posición**			
preferir				
posponer				

proponer				
reflexionar	reflexión			
resistir				
restaurar				
romper				
significar				
subvencionar				
sugerir				
terminar				
tripular				

Puntaje 45 pts: esperado ☐ obtenido ☐

B. 1. Escriba una oración a partir de los pares de frases cambiando el verbo en *cursiva* por el sustantivo que se deriva del mismo. Si hay otras palabras en cursiva, sustitúyalas por un adjetivo.

B. Trabajo individual/revisión por pares

◆ **Ejemplo**: *Cancelaron* el concierto de Madona *sin ninguna razón*; ello causó descontento entre sus admiradores.
La *cancelación injustificada* del concierto de Madona causó descontento entre sus admiradores.

1. *Resistió muy bien* las humillaciones; eso la engrandeció.

___

2. *Conoce mucho* sobre literatura; ello lo ha convertido en un catedrático de renombre.

___

3. *Expuso* sus cuadros en el museo del Prado; eso lo dio a conocer en el mundo del arte.

___

4. Michele Bachelet *fue elegida* presidenta; ello la convirtió en la primera mujer presidenta de Chile.

5. Ella le *propuso* matrimonio; esto lo sorprendió enormemente.

Puntaje 5 pts: esperado ☐ obtenido ☐

respuestas corregidas bien al trabajo de un compañero (a) ☐

B. 2. Con la ayuda de un diccionario, escriba el sustantivo derivado (cargo, ocupación, quien realiza una actividad) de los siguientes verbos. Luego, escoja 6 de ellos y escriba una oración.

B. Trabajo individual/revisión por pares

Verbo	Sustantivo: cargo, ocupación quien realiza una actividad	
explorar		
explotar		
exportar		
ganar		
operar		
organizar		
pensar		
restaurar		

Puntaje 14 pts: esperado ☐ obtenido ☐

respuestas corregidas bien al trabajo de un compañero (a) ☐

> **C. 1.** Complete las siguientes oraciones con un sustantivo derivado de uno de los verbos en la lista a continuación:
> *aumentar, reunir, parar, informar, utilizar, causar, salir, confiar, ignorar, secar, atentar*

C. Trabajo individual, corrección en grupo

1. Anoche se escapó un león del zoológico y aún se desconoce su _____.

2. La _____ puede causar prejuicio e intolerancia.

3. Entre padres e hijos, debe reinar la _____.

4. El _____ en el uso de teléfonos portátiles en Latinoamérica en los últimos años ha sido impresionante.

5. Los pasajeros del avión tuvieron que utilizar la _____ de emergencia.

6. La _____ este año ha sido espantosa; los campesinos están muy preocupados.

7. Muchos consideran la injusticia como la _____ de todos los males sociales.

8. Una mejor _____ de la energía renovable es imprescindible si queremos salvar el planeta.

9. Es un horror pensar así, pero hoy en día, ningún país está exento de un _____ terrorista.

10. La _____ de los organizadores de la marcha por la paz se llevará a cabo en Brasil.

Puntaje 10 pts: esperado ☐ obtenido ☐

2. Nominalización a partir de adjetivos (LT p. 32)

Para dominar la mecánica

A. 1. Escriba el sustantivo derivado de cada adjetivo en la columna correspondiente de la tabla a continuación.

A. Trabajo y corrección individual

adjetivo	sust.: *ancia*	sust.: *encia*	sust.: *eza*	sust.: *ez*
paciente				
pequeño				
perezoso				
pesado				
pobre				
prudente				
reticente				
rico				
tímido				

Puntaje 9 pts: esperado ☐ obtenido ☐

A. 2. Escriba el sustantivo derivado de cada adjetivo en la columna correspondiente de la tabla a continuación. Si necesario, consulte el diccionario.

Adjetivo	sust.: *idad*	sust.: *dad*	sust.: *edad*	sust.: *ura*
afable	afabilidad			
ambiguo			ambigüedad	
creíble	credibilidad			
difícil		dificultad		

antiguo				
bárbaro				
breve				
bondadoso				
conforme				
curioso				
digno				
diverso				
divino				
dulce				
emotivo				
enfermo				
fácil				
fresco				
honesto				
igual				
ingenuo				
loco				
malo				
nacional				
voluble				
voluptuoso	voluptuosidad			

Puntaje 22 pts: esperado ☐ obtenido ☐

B. 1. La tabla siguiente contiene sustantivos terminados en *-ness* en inglés, que se convierten en *-ez* o *-eza* en español.
Escriba el adjetivo del cual derivan los sustantivos, y luego, dé un sinónimo de los mismos. De ser necesario, utilice el diccionario.

B. Trabajo individual/revisión por pares

español	inglés	adjetivo	sinónimo
aspereza	roughness		
brillantez	brightness		
dejadez	untidiness; careless; laziness		
desnudez	nakedness (nudity); bareness		
estupidez; ridiculez	silliness; foolishness		
exquisitez	exquisiteness		
limpieza	cleanness, cleanliness		
madurez	ripeness (de fruta) (maturity)		
pequeñez	smallness		
pesadez	heaviness		
rareza	rareness		
rigidez	stiffness		
sordidez	dirtiness		
timidez	shyness		
tozudez	stubbornness		
excepciones comunes			
lucidez	lucidity		

vejez	old age		
adultez	adulthood		
niñez (infancia)	childhood		
viudez	widowhood		

Puntaje 42 pts: esperado ☐ obtenido ☐

respuestas corregidas bien al trabajo de un compañero (a) ☐

B. 2. Complete con el sustantivo de la lista anterior que corresponda.

1. Al abrir la puerta, un olor putrefacto invadió violentamente sus pulmones. La _____ de aquel lugar lo marcó para siempre.

2. Siempre que Elena posaba para sus cuadros, el pintor podía apreciar la _____ de su cuerpo recostado sobre el sofá.

3. En su _____ Don Miguel no hacía sino soñar con aquellos dulces días de su _____ cuando aún no cumplía los cuatro años, y su madre subía a despertarlo con un beso.

4. Desde el accidente, la_____ de su cuello no le permitía mover la cabeza libremente.

5. Para vencer su _____ de hablar en público, se obligaba a hacer discursos en voz alta frente al espejo.

Puntaje 6 pts: esperado ☐ obtenido ☐

respuestas corregidas bien al trabajo de un compañero (a) ☐

C.1. Reescriba las siguientes oraciones sustituyendo las palabras en *cursiva* por un sustantivo y haciendo los ajustes necesarios.
Si lo desea, puede añadir un adjetivo.

C. Trabajo individual, corrección en grupo

♦ **Ejemplo**: Detesto ese tipo de deportes *porque son muy violentos*.
　　　　　Detesto *la extremada violencia* de ese tipo de deportes.

1. Los empleados de la compañía no estaban *satisfechos* con su salario; eso los llevó a la huelga.

2. Su ponencia fue *monótona*; eso me decepcionó.

3. Los vendedores son *insistentes*; eso me molesta enormemente.

4. A pesar de su pobreza, siempre conservó *el ser digno*.

5. El médico se veía bastante *tranquilo*; eso me daba confianza frente a la operación.

Puntaje 5 pts:　esperado ☐　obtenido ☐

C.2. Escriba una oración a partir de los pares de frases cambiando el adjetivo en *cursiva* por el sustantivo que se deriva del mismo y haciendo los ajustes necesarios.

♦ **Ejemplo**: El manuscrito es *auténtico*; eso nos sorprendió.
　　　　　La *autenticidad* del manuscrito nos sorprendió.

1. Ese chico es muy *amable*; nadie lo pone en duda.

2. Se sentía un ambiente *voluptuoso*; eso envolvía a los amantes.

3. La comida era *abundante*; los comensales estaban maravillados.

4. La acusada parecía *ingenua*; eso no logró convencer al jurado.

5. Ese niño es muy *inteligente*; eso lo llevará lejos en la vida.

6. Era extremadamente *tímida*; por eso no le dieron el puesto.

7. El barrio es *tranquilo*; eso vale más que cualquier cosa.

8. Las imágenes son *frescas* y *emotivas*; lo que le da al texto una calidad incomparable.

9. El estilo de Sor Juana es *rico* y *variado*. Eso la convirtió en una de las escritoras más destacadas de la literatura universal.

10. Tomó un examen que era *difícil*; eso le hizo perder la calma.

Puntaje 10 pts: esperado ☐ obtenido ☐

C.3. Siguiendo los ejemplos anteriores, escriba cinco (5) oraciones en que muestre una nominalización a partir de adjetivos. Indique el sustantivo derivado.

1. _____
2. _____
3. _____
4. _____
5. _____

Puntaje 5 pts: esperado ☐ obtenido ☐

3. *Por, debido a, a causa de, gracias a* + **sustantivación** (LT p. 36)

A. 1. Utilice *a pesar de* más una sustantivación para transformar las siguientes en oraciones nominales.
En algunos casos, se requiere también añadir un adjetivo.

A. Trabajo y corrección individual
♦ **Ejemplo**: Romeo y Julieta se amaron *aun cuando sus padres se oponían*.
　　　　　Romeo y Julieta se amaron *a pesar de la oposición* de sus padres.

1. Las ciudades se inundaron *aun cuando habían construido un dique*.

_____

2. En su viaje a Puerto Rico, visitaron las cuevas de Camuy, *aun cuando padecían de miedo al encierro*.

_____

3. Los estudiantes salieron bien en el examen *aun cuando era muy difícil*.

_____

4. Luisito no lloró *aun cuando le dolió enormemente*.

_____

5. *Aun cuando era muy talentoso*, Arturo no obtuvo la beca de Julliard.

_____

Puntaje 5 pts: esperado ☐ obtenido ☐

B. 1. Utilice *por, debido a, a causa de,* o *gracias a* más una sustantivación para transformar las siguientes en oraciones nominales. En algunos casos, se requiere también añadir un adjetivo. Haga los ajustes convenientes.

B. Trabajo individual/revisión por pares

1. Las mujeres de hoy poseen muchos derechos *porque sus predecesoras lucharon por ellos.*

2. Los niños tuvieron que entrar corriendo *porque empezó a llover.*

3. Abandonó sus estudios *porque su madre estaba enferma.*

4. Salieron bien en el examen *porque el tutor los ayudó.*

5. Aprendió muy bien el español *porque viajaba a Sudamérica todos los años.*

Puntaje 5 pts: esperado ☐ obtenido ☐

respuestas corregidas bien al trabajo de un compañero (a) ☐

C. 1. Termine las siguientes frases utilizando *por, debido a, a causa de, gracias a,* o *a pesar de* más una sustantivación de las de la lista propuesta. Añada los artículos, adjetivos, etc. que necesite para tener una oración completa y correcta. Hay un sustantivo para cada oración. Utilice el mejor en cada una.

Machu Picchu, problemas de adicción, perseverancia, bombardeos, malas críticas, eficaces medidas del Gobierno, talento y esfuerzo, precaución, enfermedad crónica, incontrolable nerviosismo

C. Trabajo individual, corrección en grupo

1. Temía olvidar la información, así que la anoté en mi cuaderno,...

2. Está muy delgado y cansado…

_____

3. La población civil está aterrorizada…

_____

4. La película ha tenido un éxito de taquilla sin precedentes…

_____

5. Un viaje a Perú vale la pena nada más que…

_____

6. _____ los damnificados del huracán fueron relocalizados en un par de horas.

7. Lo echaron del equipo de béisbol…

_____

8. El médico le recomendó irse a vivir al campo…

_____

9. _____ logró todo lo que se propuso en la vida.

10. _____, entró directamente al programa de música de Julliard.

Puntaje 10 pts: esperado ☐ obtenido ☐

C. 2. Escriba cinco (5) oraciones siguiendo los ejemplos del ejercicio anterior.

C. Trabajo individual, corrección en grupo

1. _____

2. _____

3. _____

4. _____

5. _____

Puntaje 5 pts: esperado ☐ obtenido ☐

4. Nominalización utilizando un concepto abstracto (LT p. 41)

Para dominar la mecánica

A. 1. Rellene los blancos con uno de los sustantivos a continuación para dar sentido a la oración:
injusticia, bondad, inmortalidad, desilusión, eternidad, maldad

A. Trabajo y corrección individual

1. Alguna gente se complace en causar daño; su _____ no tiene límites.

2. No recordamos a las personas por sus riquezas materiales; lo que verdaderamente da la _____ es la rectitud en las acciones.

3. Al besar a Ernesto, Elena cerró los ojos; quería conservar ese momento por la _____.

4. Mi vecino es un ser muy generoso; su _____ es infinita.

5. Los niños quedaron muy tristes al encontrar sus zapatos vacíos; su _____ por no haber recibido ningún regalo se reflejaba en sus caritas. Tenemos que impedir que una _____ de tal tamaño vuelva a suceder.

Puntaje 5 pts: esperado ☐ obtenido ☐

B. 1. Combine las frases en una oración cambiando las palabras en *cursiva* por un sustantivo de los de la lista a continuación, y haciendo cualquier otro cambio necesario:
comportamiento, fe, monotonía, ineficiencia, misoginia, opinión, epitafio, docilidad, ambigüedad, anacronismo, gusto

B. Trabajo individual/revisión por pares

1. A veces María *le decía que sí, que lo quería, otras, le decía que no estaba segura;* eso perturbaba a Juan.

2. El hombre pobre *rezaba y esperaba un milagro;* eso lo aferraba a la vida.

3. El perro *obedecía en todo sin protestar;* eso lo convirtió en su mejor amigo.

4. *Lo que* los estudiantes *pensaban* fue incluido en el informe.

5. Julio *adoraba comer* postres; eso le provocó un aumento de peso.

Puntaje 5 pts: esperado ☐ obtenido ☐

respuestas corregidas bien al trabajo de un compañero (a) ☐

C. 1. Reescriba las siguientes oraciones para darles precisión sustituyendo las palabras en cursiva por un adjetivo o un sustantivo que retome la idea expresada y haciendo los ajustes necesarios para tener una oración completa. De ser necesario, use el diccionario.

C. Trabajo individual, corrección en grupo

1. Tengo estudiantes *que hablan español*.

2. Tengo una ventaja sobre él pues *yo hablo dos idiomas*.

3. Todos los idiomas son importantes porque permiten *que nos podamos comunicar*.

4. El norteamericano promedio *habla una sola lengua*.
_____

5. Existen muchas oportunidades de empleo para las personas *que pueden hablar dos idiomas y que conocen y pueden interactuar en dos culturas distintas*.
_____

Puntaje 5 pts: esperado ☐ obtenido ☐

C. 2. Escoja cinco (5) de los siguientes sustantivos y escriba oraciones completas: *verdad, mentira, justicia, injusticia, paz, virtud, honradez, belleza*

C. Trabajo individual, corrección en grupo

1. _____
2. _____
3. _____
4. _____
5. _____

Puntaje 5 pts: esperado ☐ obtenido ☐

5. A partir de la anteposición del artículo definido *el* a un infinitivo (LT p. 44)

Para dominar la mecánica

A. 1. En las siguientes oraciones, traduzca el verbo o sustantivo que aparece en inglés a un sustantivo en español usando "el + infinitivo". (Nota: en el uso corriente, en muchas ocasiones, escuchará que se elimina el "el")

A. Trabajo y corrección individual

♦ **Ejemplo:**
>*Power*, muchas veces corrompe a los hombres.
>El poder, muchas veces corrompe a los hombres.

1. *Studying* _____ un poco cada día después de clase todavía no ha matado a nadie.

2. Está comprobado que *crying* _____ ayuda a relajarse cuando uno está preocupado.

3. *Leaving* _____ su país representó una inmensa agonía para Isabel.

4. *Helping* _____ a otros era su filosofía de vida.

5. *Working* _____ hasta tarde y *getting up* _____ temprano era la consigna para triunfar.

Puntaje 6 pts: esperado ☐ obtenido ☐

B. 1. Corrija los errores en las siguientes oraciones utilizando "el + infinitivo" o un sustantivo que tenga sentido dentro del contexto.

B. Trabajo individual/revisión por pares

1. Escribiendo le producía un gran placer pues la liberaba de sus miedos.
_____

2. Su pasatiempo favorito era escuchando la radio.
_____

3. Durmiendo ocho horas al día le ayudará a estar más alerta.
_____

4. Caminando es recomendable para bajar de peso.
_____

5. Leyendo abre nuestras mentes a horizontes más amplios.
_____

Puntaje 5 pts: esperado ☐ obtenido ☐
respuestas corregidas bien al trabajo de un compañero (a) ☐

C. 1. Escriba cinco (5) oraciones utilizando "el + infinitivo" como sustantivo.

C. Trabajo individual, corrección en grupo

1. _____
2. _____
3. _____
4. _____
5. _____

Puntaje 5 pts: esperado ☐ **obtenido** ☐

B. Identificar y reemplazar verbos y vocablos comunes y semánticamente vacíos (LT p. 48)

Para dominar la mecánica

A. 1. Reemplace los verbos o frases en *cursiva* por verbos más precisos y variados. Reescriba las oraciones haciendo los cambios que crea necesarios.

A. Trabajo y corrección individual
♦ **Ejemplo**:
　　　　　Tenía deseos de ir con ellos. *Deseaba* ir con ellos.

1. Debajo de la piel vieja y arrugada, *había* una gran ternura.
___

2. El cartero *tuvo* una pierna *quebrada* al bajar las escaleras.
___

3. El equipo de Uruguay *fue el perdedor* del campeonato.
___

4. Los enfermos *están* en sus camas.
___

5. Su elegancia *estaba* en su forma de vestir.
___

Puntaje 5 pts: esperado ☐ obtenido ☐

B. 1. Reemplace los verbos o frases en *cursiva* por verbos más precisos y variados. Reescriba las oraciones haciendo los cambios que crea necesarios.

B. Trabajo individual/revisión por pares
1. *Hizo* su fortuna sin explotar a nadie.
___

2. El colega *dijo* que no estaba de acuerdo con la medida tomada.
___

3. Le pidieron que *hiciera* el informe final para el día siguiente.

4. El investigador *pudo ver* hasta los detalles menos aparentes.

5. Debes *hacer un hueco en la tierra* para sembrar ese árbol.

6. El asesino *dijo* que era culpable.

7. Le reprocharon no haber *hecho acto de presencia* en la entrega de premios.

8. ¿Cuál es el tema de la composición que tenemos que *hacer*?

9. Se *han hecho enormes progresos* en las ciencias de la comunicación en los últimos años.

10. Mucho *se ha dicho* en la prensa sobre las razones del atentado, pero nada se ha podido confirmar todavía.

Puntaje 10 pts: esperado ☐ obtenido ☐
respuestas corregidas bien al trabajo de un compañero (a) ☐

C. 1. Sustituya las palabras en *cursiva* por una más precisa y haga los cambios o ajustes necesarios para tener una oración correcta.

C. Trabajo individual, corrección en grupo

1. El robar es *algo* penado por la ley.

2. Me gusta ver documentales *que enseñan algo* en la televisión.

3. Considero que el hambre en el mundo *es algo que no es justo*.

4. *Había* cientos de personas en el concierto.

5. El año pasado *hicimos un viaje* por toda Europa.

6. Tengo que *poner al día* mi currículum vitae.

7. Elena *se puso furiosa* por la arrogancia de su hermano.

8. Cristina *se puso roja* de vergüenza.

Puntaje 8 pts: esperado ☐ obtenido ☐

C. Evitar el uso de repeticiones y redundancias (LT p. 55)

 Para dominar la mecánica

C. 1. Los siguientes párrafos fueron tomados de escritos de estudiantes. Reescríbalos en un estilo más fluido evitando las redundancias y sustituyendo los verbos o términos vacíos.

C. Trabajo individual, corrección en grupo

1. Muchas escritoras de origen hispano llegadas a los Estados Unidos o nacidas en los Estados Unidos han escrito sobre la importancia que la educación tuvo en sus vidas. Han escrito también sobre la importancia que la educación tuvo en la vida de sus personajes. En *Something to Declare* Julia Álvarez escribe sobre las dificultades que enfrentó con el idioma al llegar a los Estados Unidos.

2. Durante todo el cuento, excluyendo el final, Analía no tiene voz propia. Otros hablan por Analía. Habla por Analía la madre superiora, habla por ella el tío Eugenio y habla por ella su esposo Luis.

3. El tema de la familia estuvo presente en muchos de los trabajos estudiados en clase este semestre. Los autores y autoras que estudiamos usaron el tema de la familia como la base de muchos de sus trabajos literarios.

_____

_____

_____

_____

 Puntaje 3 pts: esperado ☐ obtenido ☐

Para perfeccionar la escritura y afinar el estilo

Capítulo 2. La mecánica de la oración (LT p. 63)
A. La oración simple (LT p. 63)
Orden sintáctico lógico (LT p. 69)

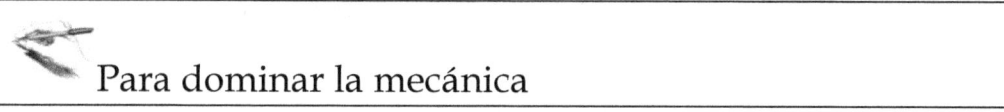 Para dominar la mecánica

A. 1. Utilice el orden sintáctico lógico para construir oraciones a partir de los siguientes elementos.

A. Trabajo y corrección individual

1. publicó – Carmen Laforet - en 1945 - *Nada*

2. con su novela *Primera memoria* – autora española - ganó – Ana María Matute - el Premio Nadal

3. es - *La casa en Mango Street* – de Sandra Cisneros – la obra más conocida

4. autores representativos – de la literatura puertorriqueña contemporánea - son - Rosario Ferré y Luis Rafael Sánchez - dos

5. el padre del Modernismo - Rubén Darío – poeta nicaraguense – es considerado

Puntaje 5 pts: esperado ☐ obtenido ☐

> B.1. En los siguientes ejemplos, los segmentos de oraciones han sido cambiados de orden. Organícelos de manera a tener una oración con orden lógico. Recuerde añadir la mayúscula y el punto final.

B. Trabajo individual/revisión por pares

1. que mis palabras fueron precipitadas,/ guiadas por un torpe e infantil enojo/ debo disculparme y reconocer (Diamela Eltit, *Los vigilantes*)

2. a través de nuestras experiencias/ no somos la misma persona hoy que la que fuimos ayer,/ y no podemos evitar ver la vida/(Rosario Ferré, *A la sombra de tu nombre*)

3. un jovenzuelo que le prometía un futuro con el acomodo de un hogar/pero no quiso asistir al reinado nacional /e hijos benditos por el cura de Rumorí/conquistó el primer puesto de su departamento,/ porque ya estaba enamorada de Mario, (Bella Clara Ventura, *Armando Fuego*)

4. aunque sin el cándido adorno de los cromos viejos/las habitaciones están como antes, (Alejo Carpentier, *Los pasos perdidos*)

5. un placer universal/la música es la voz del sentimiento;/ por eso es (Eugenio María de Hostos)

Puntaje 5 pts: esperado ☐ obtenido ☐

C. 1. Escriba cinco (5) oraciones originales siguiendo el orden sintáctico lógico.

C. Trabajo individual, corrección en grupo

_____
_____
_____
_____
_____
_____
_____
_____

Puntaje 5 pts: esperado ☐ obtenido ☐

Orden psicológico (LT p. 74)

Para dominar la mecánica

A. 1. Lea cuidadosamente las siguientes oraciones e indique si siguen el orden sintáctico lógico o psicológico.

A. Trabajo y corrección individual

_____ 1. Por poemas y epístolas de la autora está compuesta esta antología.

_____ 2. Su pasión por la literatura la llevó a convertirse, además, en rigurosa crítica literaria.

_____ 3. Con igual distinción, ejerció la profesión de catedrática universitaria.

_____ 4. Una simbiosis de feminismo y socialismo caracteriza el pensamiento de Flora Tristán.

_____ 5. Considerado el primer escritor mestizo de Latinoamérica, publicó *Comentarios reales* en 1609, Garcilaso de la Vega, el Inca.

Puntaje 5 pts: esperado ☐ obtenido ☐

B. 1. Reescriba las oraciones del ejercicio A.1 usando el orden lógico en las que tienen orden psicológico y dando una opción de orden psicológico en las que tienen orden lógico.

B. Trabajo individual/revisión por pares

1. _____

2. _____

3. _____

4. _____

5. _____

Puntaje 5 pts: esperado ☐ obtenido ☐

respuestas corregidas bien al trabajo de un compañero (a) ☐

C. 1. Siguiendo las explicaciones sobre el orden psicológico, escriba dos posibles modificaciones de las siguientes oraciones.

C. Trabajo individual, corrección en grupo

1. La secretaria de Don Genaro terminó los informes después de la reunión del gabinete.

_____

2. Antonio, con su paraguas de tela de paracaídas, se despidió de sus padres bajo la lluvia.

3. Margarita lloraba con el rostro oculto entre las manos. ("La promesa", Bécquer, español, 1836-1870)

4. El niño había permanecido inmóvil, sin parpadear, hasta que Baltazar lo miró perplejo con la jaula en la mano. ("La prodigiosa tarde de Baltazar", García Márquez, colombiano, 1928-)

5. Gracias a este rompecabezas, Sara se familiarizó con las vocales y las consonantes, y les tomó cariño, incluso antes de entender para qué servían. (*Caperucita en Manhattan*, Carmen Martín Gaíte, española, 1925-2000)

Puntaje 5 pts: esperado ☐ obtenido ☐

B. La oración compuesta (LT p. 79)

Para dominar la mecánica

A. 1. Escriba una oración compuesta conectando los siguientes pares de oraciones con una *conjunción copulativa*. En algunas ocasiones deberá transformar un poco las oraciones para lograr precisión o claridad.

A. Trabajo y corrección individual
- **Ejemplo:** Los mayas fueron descendientes directos de los olmecas.
  Los aztecas fueron descendientes de los toltecas.
  Los mayas fueron descendientes directos de los olmecas **y** los aztecas, de los toltecas.

1. Los taínos eran dóciles y hospitalarios.
   Los caribes eran guerreros.

2. Los vándalos regaron el edificio con gasolina.
   Intencionalmente, le prendieron fuego al edificio.

3. Don Quijote es el protagonista de la novela de Cervantes *Don Quijote de La Mancha*.
   Sancho Panza es su antagonista.

Puntaje 3 pts: esperado ☐ obtenido ☐

A. 2. Escriba una oración compuesta conectando los siguientes pares de oraciones con una *conjunción disyuntiva*. En algunas ocasiones deberá transformar un poco las oraciones para lograr precisión o claridad.

1. Te contactaré por correo electrónico.
   Te contactaré por teléfono.

2. ¿Deseas ver la exposición de cuadros de Diego Rivera?
   ¿Prefieres ir al concierto de Plácido Domingo?

Puntaje 2 pts: esperado ☐ obtenido ☐

A. 3. Escriba una oración compuesta conectando los siguientes pares de oraciones con una *conjunción adversativa*. En algunas ocasiones deberá transformar un poco las oraciones para lograr precisión o claridad.

1. Pasaremos Navidad con mis padres.
   Festejaremos Año Nuevo con tu familia.

   _____

2. Ese cuento no lo escribió Liliana Heker.
   Ese cuento lo escribió Luisa Valenzuela.

   _____

Puntaje 2 pts: esperado ☐ obtenido ☐

B. 1. Escriba una oración compuesta conectando los siguientes pares de oraciones con una *conjunción ilativa*. En algunas ocasiones deberá transformar un poco las oraciones para lograr precisión o claridad.

B. Trabajo individual/revisión por pares

1. Estudió humanidades.
   No le gustan las ciencias.

   _____

2. Llegaremos atrasados por tu culpa.
   Apúrate.

   _____

Puntaje 2 pts: esperado ☐ obtenido ☐
respuestas corregidas bien al trabajo de un compañero (a) ☐

B. 2. Escriba una oración compuesta conectando los siguientes pares de oraciones con un *pronombre relativo*. En algunas ocasiones deberá transformar un poco las oraciones o modificar los tiempos verbales para lograr precisión o claridad.

1. Esta es la novela.
   Te hablé de esta novela ayer.

   _____

2. Carlos publicó su libro con Alfaguara.
   Carmen no publicó su libro con Alfaguara.

Puntaje 2 pts: esperado ☐ obtenido ☐

respuestas corregidas bien al trabajo de un compañero (a) ☐

C. 1. Escriba una oración compuesta conectando los siguientes pares de oraciones con un *adjetivo relativo*. En algunas ocasiones deberá transformar un poco las oraciones o modificar los tiempos verbales para lograr precisión o claridad.

C. Trabajo individual, corrección en grupo
♦ **Ejemplo:**
   Vimos la película.
   Leímos críticas de la película en los periódicos.
   Vimos la película **cuyas** críticas habíamos leído en los periódicos.

1. Gael García Bernal es mexicano.
   El personaje de Octavio en *Amores Perros* le dio reconocimiento internacional como actor.

2. Frida Khalo es una de las más grandes pintoras del siglo XX.
   Los autorretratos de Frida Kahlo son altamente provocadores.

Puntaje 5 pts: esperado ☐ obtenido ☐

C. 2. Escriba una oración compuesta a partir de las oraciones simples dadas. En algunas ocasiones deberá transformar un poco las oraciones simples para lograr precisión o claridad.
Marque los nexos que utilice para combinar las oraciones.

♦ **Ejemplo:**
Miguel de Unamuno fue un escritor español. Fue poeta. Fue también filósofo. Pertenece a la llamada "generación del 98". Su extensa y variada obra lo coloca entre los más prolíferos autores del modernismo español.

Miguel de Unamuno fue un escritor, poeta **y** filósofo, perteneciente a la llamada "generación del 98", **cuya** extensa y variada obra lo coloca entre los más prolíferos autores del Modernismo español.

Respuesta: usé comas, la conjunción "y" y el relativo "cuya".

1. Ramón del Valle-Inclán es considerado un escritor rebelde. Él revolucionó el teatro español de comienzos de siglo XX con sus famosos esperpentos. Sus esperpentos influyeron en el nuevo teatro latinoamericano de los años sesenta. *Luces de Bohemia* es la obra señera de este estilo de teatro.

2. Ortega y Gasset es otro gran escritor español. Se distinguió como filósofo y ensayista. Es representante de la "generación del 98". *España invertebrada* (1921) es una obra destacada de Ortega y Gasset. *La rebelión de las masas* (1923) es también una obra destacada del escritor.

Puntaje 4 pts: esperado ☐ obtenido ☐

C. 3. Escoja una de las obras o autores mencionados en el ejercicio anterior. Busque información adicional en la red o en una enciclopedia, y escriba un párrafo de 100 palabras sobre el mismo poniendo cuidado de utilizar por lo menos ocho (5) nexos diferentes. Marque los nexos que utilice.

Puntaje 5 pts: esperado ☐ obtenido ☐

Capítulo 3. La mecánica del párrafo (LT p. 94)

 Para dominar la mecánica

C. 1. Escoja dos de los temas siguientes y delimítelos utilizando una de las técnicas propuestas en el libro de texto. Piense en que ésta será la información que utilizará para redactar un párrafo sobre su tema. Luego, en grupos de tres, discutan sus respuestas y ayúdense unos a otros a mejorar la delimitación de los temas de cada uno. Finalmente, escojan los tres temas mejor delimitados, y preséntenlos a la clase.

C. Trabajo individual, corrección en grupo

1. La radio
2. La educación bilingüe
3. Algún pintor, artista popular, político, etc.
4. La tecnología y la enseñanza
5. La nueva izquierda latinoamericana
6. La literatura latinoamericana
7. Los deportes de grupo
8. El reguetón
9. La música de salsa
10. Tema libre

A.1. En los siguientes párrafos, subraye las oraciones de introducción y de conclusión, así como aquella que rompe la unidad conceptual o temática del párrafo, y explique por qué.

A. Trabajo y corrección individual
1. El presidente de Bolivia, Evo Morales, entró a la historia como el primer presidente indígena del país, luego de ganar las elecciones del 2006 con un 53,7% de la votación. Bolivia es uno de los países más pobres del mundo. Morales es de origen aymará, y ésa es también su lengua materna. Como toda familia indígena, la suya era muy humilde, por lo que desde niño se vio obligado a trabajar mientras estudiaba. Entre otros oficios, fue pastor de llamas, ladrillero y panadero. Sin embargo, a pesar de todos sus esfuerzos, no pudo terminar la escuela secundaria, y a los 17 años, se enlistó en el servicio militar de su país. Es como presidente del Movimiento Al Socialismo, partido político que defiende los derechos de las clases desfavorecidas

(indígenas, campesinos y obreros) que Morales llegó a la presidencia de su país.

2. El Partido de los Trabajadores es el más importante partido político de izquierda en Brasil. Fue fundado en febrero de 1980 por Luiz Inácio Lula da Silva. Lula da Silva nunca tuvo una educación formal, sin embargo, llegó a ser presidente de Brasil. Surgió a finales de los años setenta del sindicalismo obrero organizado, sobre todo de Sao Paulo. Tiene como ideología de gobierno el socialismo democrático y es el Partido que está actualmente en el poder.

3. Al hablar de la llamada "nueva izquierda latinoamericana" estamos refiriéndonos a una serie de gobiernos establecidos paulatinamente en todo el continente a partir de 1999, con la llegada al poder en Venezuela de Hugo Chávez. Define a estos gobiernos su arraigado compromiso social, el que apunta a disminuir la pobreza, a reducir las desigualdades entre ricos y pobres, a eliminar el analfabetismo o incrementar los niveles de educación y a proveer de acceso a la medicina y a la vivienda a los sectores más desfavorecidos de la población. Hugo Chávez ha introducido lo que él ha llamado el "Socialismo del Siglo XXI". Lo que los separa es el modelo económico y el proyecto de sociedad que quieren aplicar, sea lo que Chávez ha denominado el "Socialismo del Siglo XXI", sea el modelo neo-liberal existente reformado con enmiendas de tipo social. Entre 1999 y 2009, un total de diez países latinoamericanos eligieron gobiernos que se reclaman de ideologías de izquierda.

Puntaje 9 pts: esperado ☐ obtenido ☐

A. Composición de un párrafo (LT p. 97)
1. Yuxtaposición de oraciones simples (LT p. 98)

 La nieve del almirante : (LT p. 98)

(Álvaro Mutis, *La nieve del almirante*, colombiano, 1923-)

2. Oraciones compuestas coordinadas y subordinadas (LT p. 100)

 Las nanas infantiles: (LT p. 100)

(Federico García Lorca, *Las nanas infantiles*, español, 1898-1936)

3. Combinación de oraciones simples y compuestas (LT p. 102)

Nada: (LT p. 103)

(Carmen Laforet, *Nada*, española, 1921-2004)

 Para dominar la mecánica

D. 1. Relea cuidadosamente los tres párrafos anteriores y conteste las preguntas. Recuerde que son párrafos extraídos de textos literarios, y lo más probable es que el autor haya escogido la estructura de los párrafos teniendo en cuenta el efecto que quería lograr en el lector. Note que cada párrafo abre con una oración que marca la unidad temática que desarrolla.

D. Ejercicios alternativos: trabajo individual, discusión en clase

1. ¿Tiene unidad temática este párrafo? ¿Cuál? Basándose en el contenido y la estructura del texto, ¿qué efecto logra en usted Álvaro Mutis? ¿Cree usted que fue ése el efecto que él quería lograr? Justifique su respuesta siempre basándose en el texto.

_____
_____
_____
_____
_____
_____
_____
_____
_____
_____

Puntaje 4 pts: esperado ☐ obtenido ☐

2. ¿Qué diferencia en el ritmo siente usted entre el párrafo de Mutis y el de García Lorca? ¿Cuál es la unidad temática del párrafo? Tomando en cuenta este tema, ¿cree usted que García Lorca habría logrado el mismo efecto con un tipo de párrafo con la estructura del de Mutis? ¿Por qué sí o por qué no?

_____
_____
_____
_____
_____
_____
_____
_____
_____

Puntaje 4 pts: esperado ☐ obtenido ☐

3. ¿En qué se diferencia el párrafo de Laforet de los otros dos? ¿Ejerce esta diferencia algún efecto particular en usted como lector? Explique basándose en el contenido y la estructura del párrafo.

_____
_____
_____
_____
_____
_____
_____

	Puntaje 4 pts: esperado ☐ obtenido ☐

> **C. 1. Lea el siguiente texto y escriba un párrafo breve basado en el mismo (200 palabras; diez oraciones en un esquema combinado de oraciones simples con coordinadas o subordinadas) Indique cuáles son sus oraciones de introducción, de desarrollo y de conclusión.** Esquema simple sugerido, no obligatorio: definición del término, origen, ejemplo, influencia de éste en la conformación del ser latinoamericano. Luego, en grupos discutan y corrijan sus párrafos individuales y en un papel redacten un párrafo en grupo sobre el mismo tema.

C. Trabajo individual, corrección en grupo

Sincretismo religioso en Latinoamérica

A la llegada de los europeos, los pueblos aborígenes de América observaban una religión politeísta la cual, más allá de lo exclusivamente místico, gobernaba todos los otros aspectos de sus vidas. Como otras poblaciones aborígenes, adoraban todo aquello de lo que dependía su existencia: la tierra, el sol, el agua, las constelaciones, y a ellos acreditaban el origen del hombre; también rendían tributo a los fenómenos naturales como el trueno, la lluvia, las tormentas, por resultarles inefables. Es entonces comprensible que la imposición de la religión y la cosmogonía católica por parte de los colonizadores representara para ellos una violenta ruptura con su mundo y con los valores que habían regido sus vidas.

Acostumbrados, por un lado, a un sistema religioso centrado en lo práctico y lo concreto, desde un comienzo opusieron resistencia a este complejo y abstracto sistema religioso católico basado en el misterio de la Santísima Trinidad. Por otra parte, resultaba imposible para ellos, entender la ironía en la conducta de estos seres que al mismo tiempo que decían que venían a liberarlos de los sufrimientos terrestres invadían sus tierras e intentaban someterlos y destruir su cultura. Por eso, muchos de ellos escaparon de las mitas o reducciones donde estaban confinados pues "no [querían] ir al cielo si [iban] allí los españoles".

Esta situación de impase, en que el dominio ejercido por los conquistadores aniquilaba toda posibilidad de rebeldía frontal por parte de los indígenas (sin por ello conseguir que renunciaran a sus creencias y deidades), cimentó las bases para lo que hoy conocemos como sincretismo religioso. La práctica que favoreció esta reconciliación entre el monoteísmo cristiano y el politeísmo indígena fue el culto a los santos.

A medida que la evangelización avanzaba, la mitología indígena y los principios cristianos se fueron confundiendo, y a pesar de su intolerancia inicial, los evangelizadores favorecieron el sincretismo por facilitarles su tarea de cristianización. Así, entre numerosos ejemplos, Viracocha, el padre creador de los incas fue asociado con el Dios Cristiano, creador del universo, y Pachamama, la madre tierra, con la virgen María.

El sincretismo se reflejó también en los rituales. La fiesta del Inti Raymi, que los incas celebraban el 24 de junio en honor del dios Sol, fue convertida en la fiesta católica de San Juan. De hecho, un tipo de danzas tradicionales que se bailaban para esta fiesta en la región de Imbabura, Perú, fueron llamadas San Juanitos para marcar el cambio. Igualmente, la fiesta de Kapak Raymi, que celebraban los incas el 21 de diciembre para honrar a la tierra por el inicio de las cosechas, fue sustituida por la Navidad, que representa el nacimiento del niño Dios. Este culto a los santos fue fortalecido con la adjudicación, a cada comunidad, de un santo patrón bajo el cual se unían como cristianos.

Una situación similar de sincretismo se produjo al interior de las poblaciones esclavas. Como en el caso de los indígenas, el origen del sincretismo religioso negro es dual: bien sea que los esclavos, al no poder rebelarse abiertamente contra la imposición religiosa empezaron a adorar a sus dioses a través de las figuras de santos católicos con características similares como una forma de protección de sus creencias, o que, gracias a la experiencia con los indígenas, la Iglesia vio el sincretismo como la manera más eficaz para promover la fe al interior de esta población también. El resultado de esa mezcla es la denominada santería, religión predominate hoy en día al interior de las poblaciones de origen negro en Latinoamérica. Varios de los santos más venerados en la santería y sus homólogos católicos son Babalú Ayé (San Lázaro); Ochún (Virgen de la Caridad del Cobre, patrona de Cuba); Obatalá (Virgen de las Mercedes); Ogún (San Pedro) y Changó (Santa Bárbara).

Hoy en día, el sincretismo religioso forma parte intrínseca de la idiosincracia de nuestros pueblos. Una de las manifestaciones de sincretismo más evidentes en la actualidad: la fiesta del "día de los muertos," remonta sus orígenes a festividades prehispánicas aztecas. Se celebra en México el 2 de noviembre, día en que la Iglesia Católica celebra el Día de los difuntos. Aunque existan discrepancias sobre su origen: técnica de dominio o estrategia de supervivencia, en lo que todos coinciden es en que el sincretismo religioso es una prueba fehaciente del mestizaje cultural que caracteriza la cultura latinoamericana.

(Adaptado de *Hoja de ruta, cultura y civilización de Latinoamérica*)

Pautas para corregir un párrafo compuesto por una combinación de oraciones simples y compuestas. Base 7 puntos

Tiene el número de oraciones requerido	
Tiene una oración introductoria y una de cierre	
Tiene unidad temática, es coherente y claro	
El texto tiene matices y fluye naturalmente	
Tiene una oración de cierre	
Errores de estilo debido a calcos del inglés, uso de falsos amigos... Si el trabajo tiene menos de 3 errores otorgue un punto, si tiene entre 4 y 5, otorgue 0.75, si tiene entre 6 y 7, otorgue 0.50, si tiene entre 8 y 10, otorgue 0.25, si tiene más de 10, no otorgue puntaje.	
Tiene o no errores ortográficos y/o gramaticales Si el trabajo tiene menos de 3 errores otorgue un punto, si tiene entre 4 y 5, otorgue 0.75, si tiene entre 6 y 7, otorgue 0.50, si tiene entre 8 y 10, otorgue 0.25, si tiene más de 10, no otorgue puntaje.	

7=A 6=B 5=C 4=D   Nota: ☐

D. 1. Subraye la(s) oracion(es) de introducción, y la(s) de conclusión del segundo párrafo. Para guiarles, en el primero, han sido marcadas en negrita. Luego, conteste las preguntas.

D. Ejercicios alternativos: trabajo individual, discusión en clase

La raza cósmica

Desde los primeros tiempos, desde el descubrimiento y la conquista, fueron castellanos y británicos, o latinos y sajones, para incluir por una parte a los portugueses y por otra al holandés, los que consumaron la tarea de iniciar un nuevo período de la Historia conquistando y poblando el hemisferio nuevo. Aunque ellos mismos solamente se hayan sentido colonizadores, trasplantadores de cultura, en realidad establecían las bases de una etapa de general y definitiva transformación. Los llamados latinos, poseedores de genio y de arrojo, se apoderaron de las mejores regiones, de las que creyeron más ricas, y los ingleses, entonces, tuvieron que conformarse con lo que les dejaban gentes más aptas que ellos. Ni España ni Portugal permitían que a sus dominios se acercase el sajón, ya no digo para guerrear, ni siquiera para tomar parte en el comercio. **El predominio latino fue indiscutible en los comienzos. Nadie hubiera sospechado, en los tiempos del laudo papal que dividió el Nuevo Mundo entre Portugal y España, que unos siglos más tarde ya no sería el Nuevo Mundo portugués ni español, sino más bien inglés. Nadie hubiera imaginado que los humildes colonos del Hudson y del Delaware, pacíficos y hacendosos, se irían apoderando paso a paso de las mejores y mayores extensiones de la tierra, hasta formar la república que hoy constituye uno de los mayores imperios de la Historia.**

(José Vasconselos, *La raza cósmica*, mexicano, 1882-1959)

La situación de la población LGTB en América Latina

La situación de la población LGTB en América Latina en el nuevo milenio varía no solamente de país en país, sino también al interior de los países mismos. De acuerdo a informes de organismos internacionales como ILGA (International Lesbian and Gay Association), aunque en algunos países se han aprobado leyes reconociendo la unión civil de parejas del mismo sexo, éstas son de carácter regional y aplican solamente a la ciudad o jurisdicción donde se haya presentado el proyecto, como son el caso de Buenos Aires, la provincia de Río Negro y la ciudad de Villa Carlos Paz, en Argentina; el Distrito Federal y el estado de Coahuila en México y el estado de Río Grande do Sul en Brasil. El primer, y hasta el momento, único país latinoamericano en haber aprobado dicha ley a nivel nacional es el Uruguay, a fines del 2007. Desde los años setenta, cuando surgieron en Latinoamérica las primeras organizaciones en defensa de los derechos de la población LGBT, hasta la primera década del nuevo milenio, mucho se ha avanzado en la aprobación de leyes en su beneficio. Los grandes desafíos del presente siguen siendo: el lograr un cambio de actitud en la ciudadanía frente a esta parte de la población, y que la toma de posición antidiscriminatoria por parte de la mayoría de los gobiernos se traduzca en acción efectiva que le garantice igualdad de derechos y de protección a nivel nacional.

(Adaptado de *Hoja de ruta, cultura y civilización de Latinoamérica*, 4ta. edición)

1. ¿Cuál es el tema del primer párrafo? ¿Qué tipo de esquema se utilizó para elaborarlo? ¿Quedan claras las ideas? Resuma la idea central en una oración.

Puntaje 4 pts: esperado ☐ obtenido ☐

2. ¿Cuál es el tema del segundo párrafo? ¿Qué tipo de esquema se utilizó para elaborarlo? ¿Quedan claras las ideas? Resuma la idea central en una oración. ¿En qué se diferencia esta conclusión de la conclusión en el párrafo anterior?

_____
_____
_____
_____
_____

Puntaje 4 pts: esperado ☐ obtenido ☐

B. Métodos para desarrollar las ideas en los párrafos
(LT p. 105)

1. La definición (LT p. 105)

Para dominar la mecánica

B. 1. Escriba un párrafo de entre 75 y 100 palabras donde utilice el método de la definición. Intercámbielo con un compañero para corrección siguiendo las pautas aquí debajo.

B. Trabajo individual/revisión por pares

_____
_____
_____
_____
_____
_____
_____
_____
_____
_____
_____
_____
_____

Pautas para corregir un párrafo cuyo objetivo es definir
Base 10 pts., 2 por rúbrica

Define con precisión el concepto o la acepción del concepto utilizada	
Tiene un ordenamiento interno lógico: las oraciones están conectadas entre sí, entrelazando y coordinando ideas, permitiendo que el texto fluya naturalmente y en forma coherente	
El redactor muestra dominio del tema	
Errores de estilo debido a calcos del inglés, uso de falsos amigos Si el trabajo tiene menos de 3 errores otorgue un punto, si tiene entre 4 y 5, otorgue 0.75, si tiene entre 6 y 7, otorgue 0.50, si tiene entre 8 y 10, otorgue 0.25, si tiene más de 10, no se otorga puntaje.	
Tiene o no errores ortográficos y/o gramaticales Si el trabajo tiene menos de 3 errores otorgue un punto, si tiene entre 4 y 5, otorgue 0.75, si tiene entre 6 y 7, otorgue 0.50, si tiene entre 8 y 10, otorgue 0.25, si tiene más de 10, no se otorga puntaje.	

10-9=A 8=B 7=C 6=D 5=F   Nota:

2. La ejemplificación (LT p. 108)

B. 1. Escriba un párrafo de entre 75 y 100 palabras donde utilice el método de la ejemplificación. Intercámbielo con un compañero para corrección siguiendo las pautas aquí debajo.

Pautas para corregir un párrafo cuyo objetivo es ejemplificar. Base 6 pts.

Hay suficientes ejemplos	
Los ejemplos son atinados y le permiten al lector entender de manera concreta lo que el autor del texto quiere decir	
Tiene un ordenamiento interno lógico: las oraciones están conectadas entre sí, entrelazando y coordinando ideas, permitiendo que el texto fluya naturalmente y en forma coherente	
El lenguaje es apropiado	
Errores de estilo debido a calcos del inglés, uso de falsos amigos Si el trabajo tiene menos de 3 errores otorgue un punto, si tiene entre 4 y 5, otorgue 0.75, si tiene entre 6 y 7, otorgue 0.50, si tiene entre 8 y 10, otorgue 0.25, si tiene más de 10, no se otorga puntaje.	
Tiene o no errores ortográficos y/o gramaticales Si el trabajo tiene menos de 3 errores otorgue un punto, si tiene entre 4 y 5, otorgue 0.75, si tiene entre 6 y 7, otorgue 0.50, si tiene entre 8 y 10, otorgue 0.25, si tiene más de 10, no se otorga puntaje.	

6=A   5=B   4=C   3=D   2=F   Nota:

3. La comparación y el contraste (LT p. 110)

B. 1. Escriba un párrafo de 100 palabras donde utilice el método de la comparación y el contraste. Intercámbielo con un compañero para corrección siguiendo las pautas para este método en el libro de texto.

Pautas para corregir un párrafo que emplea comparaciones. Base 6 pts.

Resalta similitudes y marca diferencias	
Las similitudes o diferencias utilizadas ayudan a la comprensión del texto	
Tiene un ordenamiento interno lógico: las oraciones están conectadas entre sí, entrelazando y coordinando ideas, permitiendo que el texto fluya naturalmente y en forma coherente	
El lenguaje es apropiado	
Errores de estilo debido a calcos del inglés, uso de falsos amigos Si el trabajo tiene menos de 3 errores otorgue un punto, si tiene entre 4 y 5, otorgue 0.75, si tiene entre 6 y 7, otorgue 0.50, si tiene entre 8 y 10, otorgue 0.25, si tiene más de 10, no se otorga puntaje.	
Tiene o no errores ortográficos y/o gramaticales Si el trabajo tiene menos de 3 errores otorgue un punto, si tiene entre 4 y 5, otorgue 0.75, si tiene entre 6 y 7, otorgue 0.50, si tiene entre 8 y 10, otorgue 0.25, si tiene más de 10, no se otorga puntaje.	

6=A 5=B 4=C 3=D 2=F   Nota:

4. La sucesión de detalles o anécdotas (LT p. 113)

B. 1. Escriba un párrafo de entre 100 palabras donde utilice el método de la sucesión de detalles o de anécdotas. Intercámbielo con un compañero para corrección siguiendo las pautas aquí debajo.

Pautas para corregir un párrafo con sucesión de detalles. Base 6 pts.

Crea claramente la imagen de lo descrito	
Es rico y variado en la acumulación de detalles	
Tiene un ordenamiento interno lógico: las oraciones están conectadas entre sí, entrelazando y coordinando ideas, permitiendo que el texto fluya naturalmente y en forma coherente	
Tiene unidad temática	
Errores de estilo debido a calcos del inglés, uso de falsos amigos Si el trabajo tiene menos de 3 errores otorgue un punto, si tiene entre 4 y 5, otorgue 0.75, si tiene entre 6 y 7, otorgue 0.50, si tiene entre 8 y 10, otorgue 0.25, si tiene más de 10, no se otorga puntaje.	
Tiene o no errores ortográficos y/o gramaticales Si el trabajo tiene menos de 3 errores otorgue un punto, si tiene entre 4 y 5, otorgue 0.75, si tiene entre 6 y 7, otorgue 0.50, si tiene entre 8 y 10, otorgue 0.25, si tiene más de 10, no se otorga puntaje.	

6=A   5=B   4=C   3=D   2=F   Nota:

Pautas para corregir un párrafo con sucesión de anécdotas. Base 6 pts.

La historia tiene unidad y está ordenada lógicamente	
Es rico y variado en la acumulación de detalles que hacen avanzar el relato	
Emplea correctamente tiempos del pasado y adverbios de tiempo	
Es creativo y despierta interés	
Tiene un ordenamiento interno lógico: las oraciones están conectadas entre sí, entrelazando y coordinando ideas, permitiendo que el texto fluya naturalmente y en forma coherente	
Errores de estilo debido a calcos del inglés, uso de falsos amigos y/o errores ortográficos y gramaticales Si el trabajo tiene menos de 3 errores otorgue un punto, si tiene entre 4 y 5, otorgue 0.75, si tiene entre 6 y 7, otorgue 0.50, si tiene entre 8 y 10, otorgue 0.25, si tiene más de 10, no se otorga puntaje.	

6=A 5=B 4=C 3=D 2=F   Nota: ☐

D. 1. Relea los párrafos incluidos en esta sección del libro de texto (pp 113-114) y conteste.

D. Ejercicios alternativos: trabajo individual, discusión en clase

1. ¿Cuál de los dos textos representa la sucesión de detalles y cuál la de anécdotas? Explique su respuesta.

_____
_____
_____
_____
_____
_____
_____
_____
_____
_____

5. La clasificación (LT p. 118)

B. 1. Escriba un párrafo de 100 palabras donde utilice el método de la clasificación. Intercámbielo con un compañero para corrección siguiendo las pautas aquí debajo.

Pautas para corregir un párrafo que emplea la clasificación. Base 6 pts.

Los parámetros para establecer la clasificación son claros	
Los componentes de la clasificación están ordenados lógicamente en relación al tema central	
La clasificación facilita la comprensión del mensaje	
El vocabulario es apropiado	
Tiene un ordenamiento interno lógico: las oraciones están conectadas entre sí, entrelazando y coordinando ideas, permitiendo que el texto fluya naturalmente y en forma coherente	
Errores de estilo debido a calcos del inglés, uso de falsos amigos y/o errores ortográficos y gramaticales <small>Si el trabajo tiene menos de 3 errores otorgue un punto, si tiene entre 4 y 5, otorgue 0.75, si tiene entre 6 y 7, otorgue 0.50, si tiene entre 8 y 10, otorgue 0.25, si tiene más de 10, no se otorga puntaje.</small>	

6=A 5=B 4=C 3=D 2=F   Nota:

C. Diferentes técnicas para organizar las ideas en un texto
(LT p. 121)

1. La deducción y la inducción (LT p. 121)

B. 1. A la manera de Bécquer, (ver el texto incluido en el libro de texto), escriba un párrafo de 200 palabras donde utilice el método de deducción para describir su barrio, su pueblo, su lugar de vacaciones favorito, el pueblo donde vivía cuando era niño, etc.
Intercámbielo con un compañero y comenten ambos textos.

B. Trabajo individual, corrección por pares

2. El análisis y la síntesis (LT p. 123)

B. 1. Escriba un párrafo de 200 palabras donde utilice el análisis y/o la síntesis. Intercámbielo con un compañero comenten ambos textos.

D. Modalidades de la redacción (LT p. 124)

 Para dominar la mecánica

1. La descripción: el párrafo descriptivo (LT p. 124)

B. 1. Escriba un párrafo descriptivo de 100 palabras. Puede describir a una persona, un lugar, una acividad, un objeto. Luego, intercambie el texto con un compañero para corrección.

Pautas para corregir un párrafo descriptivo. Base 9 puntos

Crea claramente la imagen del objeto de la descripción	
Es rico y variado en elementos descriptivos y figuras retóricas	
Incluye elementos sensoriales	
Tiene organización lógica	
Las ideas secundarias están conectadas a la idea central	
El lenguaje utilizado es claro, variado y apropiado al tema	
La estructura de las oraciones es variada y las oraciones están conectadas entre sí, entrelazando y coordinando ideas, permitiendo que el texto fluya naturalmente	
Errores de estilo debido a calcos del inglés, uso de falsos amigos Si el trabajo tiene menos de 3 errores otorgue un punto, si tiene entre 4 y 5, otorgue 0.75, si tiene entre 6 y 7, otorgue 0.50, si tiene entre 8 y 10, otorgue 0.25, si tiene más de 10, no otorgue puntaje.	
Tiene o no errores ortográficos y/o gramaticales Si el trabajo tiene menos de 3 errores otorgue un punto, si tiene entre 4 y 5, otorgue 0.75, si tiene entre 6 y 7, otorgue 0.50, si tiene entre 8 y 10, otorgue 0.25, si tiene más de 10, no otorgue puntaje.	

 9=A   8=B+   7=B   6=B-   5=C   4=D   3=F   Nota: ☐

D. 1. Después de leer los párrafos, comente cuál es el objeto descrito en cada párrafo y en qué son diferentes las descripciones. ¿Qué efecto se logra en cada una?

El candidato

Tiene la cara de pordiosero; mendiga con la mirada. Sus ojos, de color de avellana, inquietos, medrosos, siguen los movimientos de aquel de quien esperan algo como los ojos del mono sabio a quien arrojan golosinas, y que, devorando unas, espera y codicia otras. No repugna aquel rostro, aunque revela miseria moral, escaso aliño, ninguna pulcritud, porque expresa todo esto, y más, de un modo clásico, con rasgos y dibujo del más puro realismo artístico: es nuestro Zalamero, que así se llama, un pobre de Velázquez. Parece un modelo hecho a propósito por la Naturaleza para representar el mendigo de oficio, curtido por el sol de los holgazanes en los pórticos de las iglesias, en las lindes de los caminos. Su miseria es campesina; no habla de hambre ni de falta de luz y de aire, sino de mal alimento y de grandes intemperies; no está pálido, sino aterrado; no enseña perfiles de hueso, sino pliegues de carne blanda, fofa. Así como sus ojos se mueven implorando limosna y acechando la presa, su boca rumia sin cesar, con un movimiento de los labios que parece disimular la ausencia de los dientes.

(Leopoldo Alas "Clarín", *Un candidato*, español, 1852-1901)

 Costa Rica, paraíso de los *surfers*

Costa Rica es una de las siete repúblicas que conforman América Central. De tamaño relativamente pequeño, limita al norte con Nicaragua, al este con el mar Caribe y al sur y al oeste con el océano Pacífico. Su economía es básicamente agropecuaria; el café y los bananos son sus productos principales de exportación. Sin embargo, hay un aspecto del país que pocos conocen, pero que muchos están comenzando a descubrir, algo que no se puede exportar, pero que está atrayendo miles de turistas: el mar. Cada año, más gente de todas partes del mundo decide pasar sus vacaiones en las tibias, azules, y cristalinas aguas de Costa Rica, donde la arena es clara, suave y reluciente, y donde las olas envuelven por igual los cuerpos del intrépido *surfer* profesional, como del atemorizado principiante que por primera vez se anima a desafiar las aguas. No hay lugar a dudas que en nuestros días Costa Rica se ha convertido en el paríso de los *surfers*.

2. La narración: el párrafo narrativo (LT p. 129)

B. 1. Escriba un párrafo narrativo de 100 palabras. Luego, intercambie el texto con un compañero para corrección.

_____
_____
_____
_____
_____
_____
_____
_____
_____
_____
_____

Pautas para corregir un párrafo narrativo. Base 8 puntos

La historia tiene unidad y está ordenada lógicamente	
Tiene suficientes verbos de acción que hacen avanzar el relato	
Emplea correctamente tiempos del pasado y adverbios de tiempo	
Es creativo y despierta interés	
El lenguaje es claro, preciso, variado y libre de redundancias	
La estructura de las oraciones es variada y las oraciones están conectadas entre sí, entrelazando y coordinando ideas, permitiendo que el texto fluya naturalmente	
Errores de estilo debido a calcos del inglés, uso de falsos amigos. Si el trabajo tiene menos de 3 errores otorgue un punto, si tiene entre 4 y 5, otorgue 0.75, si tiene entre 6 y 7, otorgue 0.50, si tiene entre 8 y 10, otorgue 0.25, si tiene más de 10, no otorgue puntaje.	
Tiene o no errores ortográficos y/o gramaticales Si el trabajo tiene menos de 3 errores otorgue un punto, si tiene entre 4 y 5, otorgue 0.75, si tiene entre 6 y 7, otorgue 0.50, si tiene entre 8 y 10, otorgue 0.25, si tiene más de 10, no otorgue puntaje.	

8=A 7=B 6=C 5=D 4=F   Nota: ☐

3. La exposición: el párrafo expositivo (LT p. 133)

B. 1. Escriba un párrafo expositivo de 100 palabras. Luego, intercambie el texto con un compañero para corrección.

Pautas para corregir un párrafo expositivo. Base 8 puntos

Informa, divulga conocimientos y explica	
Es objetivo, claro y preciso	
Contiene referencias variadas, confiables y verificables	
Sigue el orden estructural básico: introducción, desarrollo y conclusión	
Emplea un vocabulario específico o adecuado al tema y objetivo	
La estructura de las oraciones es variada y las oraciones están conectadas entre sí, entrelazando y coordinando ideas, permitiendo que el texto fluya naturalmente	
Errores de estilo debido a calcos del inglés, uso de falsos amigos. Si el trabajo tiene menos de 3 errores otorgue un punto, si tiene entre 4 y 5, otorgue 0.75, si tiene entre 6 y 7, otorgue 0.50, si tiene entre 8 y 10, otorgue 0.25, si tiene más de 10, no se otorga puntaje.	
Tiene o no errores ortográficos y/o gramaticales. Si el trabajo tiene menos de 3 errores otorgue un punto, si tiene entre 4 y 5, otorgue 0.75, si tiene entre 6 y 7, otorgue 0.50, si tiene entre 8 y 10, otorgue 0.25, si tiene más de 10, no se otorga puntaje.	

8=A 7=B 6=C 5=D 4=F   Nota: ☐

4. La argumentación: el párrafo argumentativo (LT p. 137)

B. 1. Escriba un párrafo argumentativo de 100 palabras sobre el tema: el estudiar una segunda lengua desarrolla el intelecto. Luego, intercambie el texto con un compañero para corrección.

_____
_____
_____
_____
_____
_____
_____
_____

Pautas para corregir un párrafo argumentativo. Base 9 puntos

Sigue el orden estructural básico: introducción, desarrollo y conclusión	
La tesis está claramente establecida	
Tiene un ordenamiento interno lógico: las oraciones están conectadas entre sí, entrelazando y coordinando ideas, permitiendo que el texto fluya naturalmente y en forma coherente	
la estructura de las oraciones es variada	
En el desarrollo, aporta argumentos convincentes	
Se apoya en citas, estadísticas, etc de fuentes variadas, confiables y verificables, y citadas según el formato de la MLA	
La conclusión recapitula de forma original y refuerza la tesis	
Errores de estilo debido a calcos del inglés, uso de falsos amigos Si el trabajo tiene menos de 3 errores otorgue un punto, si tiene entre 4 y 5, otorgue 0.75, si tiene entre 6 y 7, otorgue 0.50, si tiene entre 8 y 10, otorgue 0.25, si tiene más de 10, no se otorga puntaje.	
Tiene o no errores ortográficos y/o gramaticales Si el trabajo tiene menos de 3 errores otorgue un punto, si tiene entre 4 y 5, otorgue 0.75, si tiene entre 6 y 7, otorgue 0.50, si tiene entre 8 y 10, otorgue 0.25, si tiene más de 10, no se otorga puntaje.	

9=A 8=B+ 7=B 6=B- 5=C 4=D 3=F   Nota:

E. Conexiones entre párrafos (LT p. 143)

 Para dominar la mecánica

1. Conectores lógicos de acuerdo a su matiz: unión, contraste, comparación, argumentación, causa-efecto, ejemplo, etc. (LT p. 145)

B. 1. Escoja el conector que complete correctamente el enunciado

B. Trabajo individual, corrección por pares

Se ha designado "Siglo de Oro" a una época de la historia española (desde la segunda mitad del siglo XVI hasta la primera del siglo XVII) en donde las Artes y las ciencias experimentaron un extraordinario florecimiento. Este desarrollo artístico y científico se dio dentro del marco de un Imperio que exhibía una economía sólida y estable 1. (*debido a/ gracias a/ a causa de/ verbigracia*) las riquezas venidas tanto del Nuevo Mundo como de Asia. El periodo abarca el arte del Renacimiento así como el del Barroco, y 2. (*por ejemplo/ aunque/ a causa de/ ya que*) la pintura y la música lograron muy notorios exponentes, fue sobre todo la literatura: la novela, la poesía y el teatro los que desbordaron en producción.

En estas notas nos referiremos, si bien, someramente, a la literatura y la pintura. De esta época datan obras que ya pertenecen a la literatura universal, 3. (*al parecer/ o sea/ a saber/ acto seguido*): *Don Quijote de La Mancha*, de Miguel de Cervantes, considerada la primera novela occidental moderna, así como *El lazarillo de Tormes*, anónimo, y *Guzmán de Alfarache*, de Mateo Alemán, iniciadoras del género picaresco español.

En cuanto a la poesía, se desarrollaron dos tendencias que se distinguieron. 4. (*por un lado/ por ejemplo/ por lo que/ visto que*), surgió una tendencia mística en la que destacaron San Juan de la Cruz y Santa Teresa de Ávila, y 5. (*tal como/ por ejemplo/ por fin/ por el otro*), el estilo Barroco. El misticismo tuvo su correspondencia en la pintura en la obra de Francisco de Zurbarán (*El nacimiento de la virgen* y *Cristo en la cruz*). 6. (*en cambio/ ahora bien/ con respecto a/al mismo tiempo*), la poesía barroca, la misma tuvo sus representantes en dos grandes poetas: Luis de Góngora y Francisco de Quevedo, quienes, 7. (*a pesar de/ ya que/ por lo cual/ en fin*) cultivar el mismo género literario, lo hicieron en dos estilos diferentes, y 8. (*por lo que/ mientras que/ análogamente/ al cabo de*) Góngora creaba escuela con su culteranismo o gongorismo, Quevedo desarrollaba el conceptismo. El culteranismo gongorino estaba caracterizado por la ornamentación exagerada en el uso de metáforas, la utilización de cultismos y de alusiones mitológicas y la complejidad sintáctica, que hacían de su poesía una oscura y difícil de entender para el pueblo; 9. (*por último/ al parecer/ en cambio/sin embargo*), el conceptismo de Quevedo, se caracterizaba por el manejo ingenioso de juegos de palabras, efectos de antítesis, ironía y sarcasmo, los que se abrían a un pluralismo de significados sirviéndose del mínimo de palabras posible.

10. (*de la misma manera/ en resumidas palabras/ también*), como su nombre lo indica, el Siglo de Oro representó un momento glorioso dentro de las letras españolas solamente comparable a la explosión producida por la literatura del *boom* en Latinoamérica.

Puntaje 10 pts: esperado ☐ **obtenido** ☐

respuestas corregidas bien al trabajo de un compañero (a) ☐

F. Clasificación de los párrafos de acuerdo a su ubicación en el texto (LT p. 150)

> **C. 1.** Indique si los siguientes párrafos son de introducción, de desarrollo o de conclusión. Explique sus respuestas.

C. Trabajo individual, corrección en grupo

1. _____

_____

Muerte y resurrección de César Vallejo

Termino este estudio de la poesía de César Vallejo, insegura de haber penetrado con acierto en sus difíciles laberintos; de haber interpretado rectamente el milagro y el abismo de un alma, donde batallaron la nostalgia invencible del indio y la apasionada rebeldía de católica ascendencia española; la delicadeza de su destino de artista y el golpe brutal de los tiempos desencadenados en tragedia hasta "morir de universo".
(Concha Meléndez, "Muerte y resurrección de César Vallejo", puertorriqueña, 1895-1983)

2. _____

_____

De la ira a la ironía, o sobre cómo atemperar el acero candente del discurso

Cuando pensamos en la ira, pensamos de inmediato en Homero, en el pasaje con el que comenzó la *Ilíada:* "La ira de Aquiles es mi tema, esa ira fatal que, en cumplimiento de la voluntad de Zeus, trajo a los Aqueos tanto sufrimiento y envió a las almas valientes de tantos hombres a las profundidades del infierno". Mi tema hoy aquí, sin embargo, ha de ser otro tipo de ira; la ira atemperada, amartillada por los minuciosos martillos de la ironía, en el discurso femenino.
(Rosario Ferré, "De la ira a la ironía, o sobre cómo atemperar el acero candente del discurso", puertorriqueña, 1938)

3. _____

 Humanismo Latino-Americano

Dos reuniones internacionales del Instituto de Cooperación Intelectual se han ocupado ya del asunto. La primera tuvo lugar en Buenos Aires, del 11 al 16 de septiembre de 1936 presidida por el eminente hombre de letras colombiano Baldomero Sanín Cano y con la asistencia de personalidades europeas y americanas tan prestigiosas como Georges Duhamel, Emil Ludwig, Jacques Maritain, Alfonso Reyes, Afranio Peixoto, Francisco Romero, Alcides Arguedas, Stefan Sweig, Pedro Enríquez Ureña y otras.

En esa reunión, que fue convocada para tratar de las relaciones culturales entre Europa y la América Latina, los delegados americanos llegaron a afirmar que existía ya una cultura latinoamericana diferente de la europea, con características propias.

Se trató de definir esas características. Y, si bien reconociendo que el alma de América se hallaba aún en estado de plasticidad, es decir en proceso de formación, se hizo la enumeración de las siguientes:…
(Guillermo Francovich, "Humanismo Latino-Americano", boliviano, 1901-1990)

4. _____

 Instrucción y educación

Por fortuna, las cosas están dispuestas de muy otra manera. Pues si ese mismo tesoro ha de acrecentarse gradualmente; si los seres racionales son algo más que repetidores mecánicos de lo que aprendieron; si poseen —que por esto precisamente son racionales— un germen capaz de obligado desarrollo, con propia virtualidad, y si al par de la inteligencia en todo su vigor deben irse en él manifestando por sus grados naturales y en íntima armonía las restantes potencias de su alma, el amor a lo bello y a las grandes cosas, el espíritu moral, el impulso voluntario y, sobre todo, el sentido sano, viril, fecundo, que nos va emancipando de los limbos de la animalidad, donde el niño y el hombre primitivo dormitan, y elevándonos a la plenitud de nuestro ser, entonces —fuerza es reconocerlo— la educación actual, descuidada en la casa y todavía más en la escuela, pide urgente reforma, y la Pedagogía tiene infinito que decir y que hacer.

(Francisco Giner de los Ríos, "Instrucción y educación",
español, 1839-1915)

5. _____

_____

 Patria de la justicia

En nuestro suelo nacerá entonces el hombre libre, el que, hallando fáciles y justos los deberes, florecerá en generosidad y en creación. Ahora, no nos hagamos ilusiones: no es ilusión la utopía, sino el creer que los ideales se realizan sin esfuerzo y sin sacrificio. Hay que trabajar. Nuestro ideal no será la obra de uno o de dos o tres hombres de genio, sino de la cooperación sostenida, llena de fe, de muchos, innumerables hombres modestos; de entre ellos surgirán, cuando los tiempos estén maduros para la acción decisiva, los espíritus directores; si la fortuna nos es propicia, sabremos descubrir en ellos los capitanes y timoneles, y echaremos al mar las naves. Entre tanto, hay que trabajar con fe, con esperanza todos los días. Amigos míos: a trabajar.

(Pedro Henríquez Ureña, "Patria de la justicia",
dominicano, 1884-1946)

 **Puntaje 5 pts: esperado** ☐ **obtenido** ☐

Capítulo 4. La mecánica del texto (LT p. 163)

A. Consideraciones generales para la escritura de un texto
(LT p. 163)

 Para dominar la mecánica

C. 1. Practique la toma de notas con los siguientes dos pasajes, uno sobre historia otro sobre literatura latinoamericana. Siga las instrucciones debajo de cada pasaje.

C. Trabajo individual, corrección en grupo

1. Este párrafo pertenece a una carta escrita por Simón Bolívar en 1815 cuando se encontraba en exilio en Jamaica. En ella hace alusión a sucesos relativos a la época de la Colonia.

 Carta de Jamaica

"Tres siglos ha —dice usted— que empezaron las barbaridades que los españoles cometieron en el grande hemisferio de Colón". Barbaridades que la presente edad ha rechazado como fabulosas, porque parecen superiores a la perversidad humana; y jamás serían creídas por los críticos modernos, si constantes y repetidos documentos no testificasen estas infaustas verdades. El filantrópico obispo de Chiapa, el apóstol de la América, Las Casas, ha dejado a la posteridad una breve relación de ellas, extractada de las sumarias que siguieron en Sevilla a los conquistadores, con el testimonio de cuantas personas respetables había entonces en el Nuevo Mundo, y con los procesos mismos que los tiranos se hicieron entre sí: como consta por los más sublimes historiadores de aquel tiempo. Todos los imparciales han hecho justicia al celo, verdad y virtudes de aquel amigo de la humanidad, que con tanto fervor y firmeza denunció ante su gobierno y contemporáneos los actos más horrorosos de un frenesí sanguinario.

(Simón Bolívar, "Carta de Jamaica",
venezolano, 1783-1830)

a. Marque la(s) idea(s) central(es) del párrafo. Luego, haga un resumen, en sus propias palabras, del mensaje que el autor quiere transmitir.

_____
_____
_____
_____
_____
_____
_____
_____
_____

b. El siguiente es un párrafo del discurso del rey de España, Juan Carlos I, con motivo de la entrega del Premio Cervantes de literatura al escritor cubano Guillermo Cabrera Infante, en 1997.

 Una lengua humanista y creadora

A la sombra de Cervantes, a su modo y medida, también Guillermo Cabrera elige su ciudad y su país para transformarlos literariamente y, sin perder un adarme de su esencia particular intransferible, en ciudad y país universales y acogedores. Desde sus primeros textos, Cuba está presente. La Habana es el principio y fin de su andadura. Y pues tiene su residencia, desde hace años, en Londres, quizá convenga recordar la palabras de Dickens: "Comprendió que deseaba ser ciudadano del mundo". Pretensión que Cabrera Infante realiza a través de una propuesta literaria convencida y convincente y una vocación insobornable y contrastada. Su vida es una permanente transferencia literaria de la realidad que a todos afecta, con la que ha creado un mundo complejo y atractivo en otra dimensión de la misma realidad que vive y transfigura. Su labor ha ido ahormando una lengua humanista y creadora, con la que vida, lengua y literatura constituyen un todo armonioso. La suya es una literatura que potencia el gozo sensible junto al placer de la razón, [...] y en ella el humor tiene un papel preponderante.

(Juan Carlos I, Rey de España, "Una lengua humanista y creadora", discurso pronunciado con motivo de la entrega del Premio Cervantes de literatura al escritor cubano Guillermo Cabrera Infante)

a. Marque en el texto frases clave para resumir el mensaje del mismo y luego reescríbalo en sus propias palabras.

_____
_____
_____
_____
_____
_____
_____
_____
_____

 Puntaje 6 pts: esperado ☐ obtenido ☐

C. Claves para determinar el enfoque apropiado para un escrito a partir de una pregunta (LT p. 174)

Para dominar la mecánica

C. 1. Lea cuidadosamente el siguiente texto y luego conteste las preguntas siguiendo las recomendaciones dadas en esta sección del libro. Para que se le facilite el trabajo, subraye con una línea las oraciones que proveen información que le servirá para contestar la primera pregunta y con dos, las que le servirán para contestar la segunda.

C. Trabajo individual, corrección en grupo

La Constitución Mexicana de 1917

Si el XIX constituyó para Latinoamérica el siglo de las luchas por la independencia del Imperio español, el XX representó el siglo de las luchas por la justicia social comenzando por la Revolución mexicana de 1910 que culminó con la promulgación (bajo la presidencia de Venustiano Carranza, elegido ese mismo año) de la Constitución de 1917, la que aún hoy en día permanece vigente, uno de los documentos de más avanzada en favor de la justicia social de la época; documento promulgado, vale la pena mencionarlo, meses antes de que se produjera la Revolución rusa ocurrida en octubre del mismo año. Cuando los otros países latinoamericanos luchaban por sentar bases como países independientes, México llevaba ya siete años de lucha social y la Constitución representó el triunfo de los ideales revolucionarios luego de todos esos años de luchas. Estos logros en los comienzos de siglo, dieron esperanza y sirvieron de inspiración a movimientos revolucionarios en otros países del continente.

Resulta significativo que conceptos que hoy nos parecen tan actuales, como el multiculturalismo, o problemas que creemos nuevos, como el equilibrio ecológico, aparecen ya abordados en esta Constitución escrita hace casi un siglo.

Cuatro artículos de esta Constitución captan nuestra atención pues resumen el llamado al reconocimiento y respeto de algunos de los más importantes ideales de la Revolución: derecho a la igualdad de los individuos, justicia social, soberanía nacional sobre los territorios y recursos naturales y preservación y restauración del "equilibrio ecológico". Estamos hablando de los artículos 3, 4, 27 y 123. Los siguientes son fragmentos de las estipulaciones de estos artículos:

Artículo 3. Todo individuo tiene derecho a recibir educación... dicha educación será laica y, por tanto, se mantendrá por completo ajena a cualquier doctrina religiosa... y [será] gratuita.

Artículo 4. La nación mexicana tiene una composición pluricultural sustentada originalmente en sus pueblos indígenas. La ley protegerá y promoverá el desarrollo de sus lenguas, culturas, usos, costumbres, recursos y formas específicas de organización social...

Artículo 27. La propiedad de las tierras y aguas comprendidas dentro de los límites del territorio nacional, corresponde originariamente a la nación... La nación tendrá en todo tiempo el derecho de imponer a la propiedad privada las modalidades que dicte el interés público, así como el de regular, en beneficio social, el aprovechamiento de los elementos naturales susceptibles de apropiación, con objeto de hacer una distribución equitativa de la

riqueza pública, cuidar de su conservación, lograr el desarrollo equilibrado del país y el mejoramiento de las condiciones de vida de la población rural y urbana.
Artículo 123. La duración de la jornada máxima será de ocho horas. La jornada máxima de trabajo nocturno será de siete horas. Quedan prohibidas: las labores insalubres o peligrosas, el trabajo nocturno industrial y todo otro trabajo después de las diez de la noche, de los menores de dieciséis años. Queda prohibida la utilización del trabajo de los menores de catorce años. Los mayores de esta edad y menores de dieciséis tendrán como jornada máxima la de seis horas. Por cada seis días de trabajo deberá disfrutar el operario de un día de descanso, cuando menos. Las mujeres durante el embarazo no realizarán trabajos que exijan un esfuerzo considerable y signifiquen un peligro para su salud en relación con la gestación; gozarán forzosamente de un descanso de seis semanas anteriores a la fecha fijada aproximadamente para el parto y seis semanas posteriores al mismo, debiendo percibir su salario íntegro y conservar su empleo y los derechos que hubieren adquirido por la relación de trabajo. En el periodo de lactancia tendrán dos descansos extraordinarios por día, de media hora cada uno para alimentar a sus hijos... Para trabajo igual debe corresponder salario igual, sin tener en cuenta sexo ni nacionalidad... Los trabajadores tendrán derecho a una participación en las utilidades de las empresas...
(Constitución Política de los Estados Unidos Mexicanos).

Así como la Revolución de octubre en 1917 fue el comienzo de una nueva era política en los países europeos, el triunfo de la Revolución mexicana encendió la llama de la esperanza en los países de Hispanoamérica donde existía una gran concentración indígena, mestiza y mulata, población que desde tiempos coloniales había sido marginada del progreso social. En ese sentido se fundan partidos políticos con ideales de justicia social y surgen igualmente movimientos completamente revolucionarios como los que llevaron a la Revolución cubana de 1959 y a la Revolución sandinista en Nicaragua en 1978. En resumen, el que los padres de la Constitución Mexicana postularan derechos ciudadanos de justicia social y respeto y reconocimiento igualitario para cada miembro de la sociedad sin importar sexo, edad, clase o raza, y que se preocuparan con igual interés de la preservación del medio ambiente, establece claramente un pensamiento de vanguardia a comienzos del siglo XX. Lo que resulta hasta cierto punto deprimente es el hecho de que aún hoy en día tengamos que seguir luchando por muchos de esos derechos en diversas partes del mundo, o por concientizar a la gente sobre la gravedad de los problemas ecológicos, y que la mayoría de nosotros somos sordos a ese llamado.

(Adaptado de: Priscilla Gac-Artigas, *Hoja de ruta cultura y civilización de Latinoamérica*)

1. Según el autor del texto, ¿por qué se puede afirmar que la Constitución Mexicana del 1917 se considera uno de los documentos políticos de más avanzada en favor de la justicia social en Latinoamérica? (150-200 palabras).

10-9=A 8=B 7=C 6=D 5=F   Nota: esperada ☐ obtenida ☐

2. ¿En qué medida comparte usted el punto de vista del autor de que resulta deprimente que después de casi un siglo de promulgada todavía los problemas que pretendía eliminar la Constitución sigan existiendo? (150-200 palabras).

10-9=A 8=B 7=C 6=D 5=F   Nota: esperada ☐ obtenida ☐

Ver pautas para evaluar un ensayo corto respuesta a una pregunta específica a continuación.

Pautas para evaluar un ensayo corto respuesta a una pregunta específica.
Base 10 puntos, 2 por rúbrica

Responde a la pregunta Faltan aspectos importantes y se extiende en aspectos secundarios o irrelevantes. Tiene la extensión requerida.	----- ----- ----- ☐

contenido:
introducción   La tesis está claramente establecida
                     es concisa, original y despierta interés
                     Establece el objetivo del ensayo: expositivo o argumentativo
 	
desarrollo   Contiene la información necesaria: expone, explica, amplifica y analiza el tema, o los argumentos que prueban o refutan la tesis
                     Contiene referencias que sustentan la tesis
                     Tiene unidad temática o conceptual: todas las partes están ligadas a la idea principal
 	
conclusión   Recapitula de forma original, sintetiza y reafirma la tesis
	----- 	
	----- 	
	----- ☐
	
	----- 	
	----- 	
	
	---- ☐
	
	---- ☐

Forma: claridad y legibilidad del texto
                     Tiene un ordenamiento interno lógico: las oraciones están conectadas entre sí, entrelazando y coordinando ideas, permitiendo que el texto fluya naturalmente y en forma coherente
                     El lenguaje es claro, variado y adaptado al trabajo
                     Errores de estilo debido a calcos del inglés y uso de falsos amigos
                     Errores de gramática, ortografía y puntuación
                     Tiene originalidad
	
	----- 	
	
	----- 	
	
	----- 	
	
	---- ☐

10-9=A 8=B 7=C 6=D 5=F   Nota: ☐

El puntaje acordado a cada rúbrica representa la suma del valor de los 4 ó 5 aspectos que la componen.

D. Tipos de texto   (LT p. 181)

Textos académicos (LT p. 182)

1. El ensayo (LT p. 182)

c. **El ensayo expositivo** (LT p. 209)

 Para dominar la mecánica

B. 1. Escriba un breve ensayo expositivo de 250 palabras sobre su obra o autor favorito. Consulte por lo menos tres fuentes de referencia. Intercámbielo con un compañero para corrección.

Pautas para corregir un ensayo expositivo. Base 10 pts., 2 por rúbrica

Contenido:		
Introducción	La tesis está claramente establecida	-----
	Es concisa, original y despierta interés	-----
	Establece el objetivo del ensayo	☐
Desarrollo	Contiene la información necesaria	-----
	Expone, explica, amplifica y analiza el tema, o los argumentos que prueban o refutan la tesis	
	Contiene referencias que sustenten la tesis o sirven de apoyo al tema	-----
	Las fuentes primaria y secundarias son variadas, confiables y verificables, y son citadas de acuerdo al formato de la MLA	
	Además de la idea principal, toma en consideración otros aspectos secundarios que dan solidez al texto y logran un desarrollo progresivo del tema	-----
	Tiene unidad temática o conceptual: todas las partes están ligadas a la tesis o al tema principal	----- ☐
Conclusión	Recapitula	-----
	Retoma la introducción de forma original	-----
	Sintetiza y reafirma la tesis o la opinión sobre el tema	-----
	Logra que el lector esté más informado con respecto al tema	----- ☐
Forma: claridad y legibilidad del texto		
	Tiene organización lógica	-----
	El lenguaje es claro, objetivo, variado, libre de redundancias y apropiado al trabajo	
	Los párrafos y oraciones están conectados entre sí entrelazando y subordinando las ideas de manera que el texto fluya naturalmente	-----
	Tiene originalidad	-----
	Tono y punto de vista acordes con el propósito	----- ☐
	Tiene errores de estilo debido a calcos del inglés y uso de falsos amigos	-----
	Gramática, ortografía y puntuación: tiene o no errores; hay concordancia entre los tiempos verbales y el tiempo de la narración	----- ☐
Si el trabajo tiene menos de 4 errores no descuente puntos, si tiene entre 5 y 6, quite 0.25, si tiene entre 7 y 8, quite 0.50, si tiene entre 9 y 10, quite 0.75, si tiene entre 10 y 15, quite 1.5, más de 15 errores quite 2 puntos.		

10-9=A 8=B 7=C 6=D 5=F   Nota: ☐

d. El ensayo argumentativo (LT p. 228)

 Para dominar la mecánica

B. 1. Escriba un breve ensayo argumentativo de 250 palabras sobre un tema de su interés. Consulte por lo menos tres fuentes de referencia. Intercámbielo con un compañero para corrección.

Pautas para corregir un ensayo argumentativo. Base 10 pts., 2 por rúbrica

Introducción	La tesis está claramente establecida	-----
	Es concisa, original y despierta interés	-----
	Establece el propósito del ensayo	----- ☐
Desarrollo	Contiene la información necesaria	-----
	Provee en cada párrafo argumentos efectivos que prueban o refutan la tesis	-----
	Anticipa, valida y responde adecuadamente a argumentos contrarios a la tesis	---
	Contiene referencias que sustentan la tesis	-----
	Las fuentes primaria y secundarias son variadas, confiables y verificables, y son citadas de acuerdo a las reglas de la MLA.	-----
	Tiene unidad temática o conceptual: todas las partes están ligadas a la tesis	----- ☐
Conclusión	Recapitula, retoma la tesis de forma original	-----
	Sintetiza y reafirma la tesis	-----
	Logra convencer al lector, o en su defecto, que respete la posición del autor por la seriedad del estudio y rigurosidad de los argumentos	----- ☐
Forma:	Tiene estructuración y organización lógica	-----
	el lenguaje es claro, objetivo, variado, libre de redundancias y apropiado al trabajo	-----
	Los párrafos y oraciones están conectados entre sí entrelazando y subordinando ideas, permitiendo que el texto fluya naturalmente	-----
	Tiene unidad temática o conceptual: todos los argumentos apuntan a corroborar o refutar la tesis de manera lógica y progresiva	-----
	Tono y punto de vista acordes con el propósito	-----
	Convence, o, en su defecto, es respetado por la solidez de la exposición y su aporte al estudio y discusión de un tema	----- ☐
	Tiene errores de estilo debido a calcos del inglés y uso de falsos amigos	-----
	Gramática, ortografía y puntuación: tiene o no errores; hay concordancia entre los tiempos verbales y el tiempo de la narración	----- ☐
Si el trabajo tiene menos de 4 errores no descuente puntos, si tiene entre 5 y 6, quite 0.25, si tiene entre 7 y 8, quite 0.50, si tiene entre 9 y 10, quite 0.75, si tiene entre 10 y 15, quite 1.5, más de 15 errores quite 2 puntos.		

10-9=A 8=B 7=C 6=D 5=F   Nota: ☐

2. El comentario o explicación de texto (LT p. 243)

 Para dominar la mecánica

B. 1. Con un compañero escojan uno de los poemas incluidos en el cuaderno de ejercicios y entre los dos, escriban una explicación de texto sobre el mismo de unas 400 palabras. Luego, intercambien su texto con otro grupo para corrección.

B. Trabajo individual, corrección por pares

Pautas para la corrección de un comentario de texto. Base 10 pts.

Introducción	El texto está identificado de acuerdo a su naturaleza y forma de expresión: drama, poesía, etc.	-----
	situado dentro de obra o movimiento al que pertenece.	-----
	Se establecen relaciones entre el texto y su contexto.	----- □
Desarrollo	**Párrafo 1**: análisis del contenido	
	Resume el argumento y el asunto de la obra (prosa).	-----
	Analiza los elementos literarios que dan unidad al contenido: acción, trama, personajes, ambiente, etc.	-----
	Delimita el propósito del autor e identifica el tema central y los temas secundarios (prosa, poesía).	—
	Análisis corroborado con ejemplos del texto.	-----
	Párrafo 2: análisis de la forma y la estructura	
	Analiza el estilo y el lenguaje: figuras retóricas, campos semánticos, sintaxis...	-----
	Analiza la rima y la métrica (texto poético o lírico).	-----
	Analiza actos, escenas, diálogo y acotaciones (texto dramático).	
	Identifica el punto de vista de la narración: primera, segunda o tercera persona, o múltiples (prosa).	-----
	Análisis corroborado con ejemplos del texto.	----- □
Conclusión	Incluye una valoración personal final del texto la que retoma algunas de las ideas relevantes del análisis del contenido y de la forma, del título de la obra y de su valor literario e histórico.	----- □
Forma	Tiene estructuración y organización lógica	-----
	El lenguaje es claro, objetivo, variado, libre de redundancias y apropiado al trabajo	-----
	Los párrafos y oraciones están conectados entre sí entrelazando y subordinando ideas, permitiendo que el texto fluya naturalmente.	-----
	Tiene originalidad.	----- □
	Tiene errores de estilo debido a calcos del inglés y uso de falsos amigos.	-----
	Gramática, ortografía y puntuación: tiene o no errores; hay concordancia entre los tiempos verbales y el tiempo de la narración.	----- □
Si el trabajo tiene menos de 4 errores no descuente puntos, si tiene entre 5 y 6, quite 0.25, si tiene entre 7 y 8, quite 0.50, si tiene entre 9 y 10, quite 0.75, si tiene entre 10 y 15, quite 1.5, más de 15 errores quite 2 puntos.		

10-9=A 8=B 7=C 6=D 5=F   Nota: ☐

Los escritos periodísticos (LT p. 289)

1. La entrevista (LT p. 294)

 Para dominar la mecánica

C. 1. Escoja un autor, o un personaje literario y entrevístelo: a Cervantes (o al Caballero de la triste figura), a García Márquez (o al coronel Aureliano Buendía), a Isabel Allende (o a Eva Luna), a Julia Álvarez (o a una de las hermanas Mirabal). Luego, reúnanse en grupos de tres y discutan sobre el personaje por cada uno entrevistado y comenten sobre la respuesta que más les impactó, la que por supuesto, estará determinada por la pregunta.

D. Lea la entrevista a Isabel Allende (LT p. 299) teniendo en mente las indicaciones entregadas sobre cómo enfrentar la entrevista a una personalidad de interés público y luego responda a las preguntas.

D. Ejercicios alternativos: trabajo individual, discusión en clase

1. ¿Qué tipo de entrevista es ésta, de acuerdo a las clasificaciones presentadas en esta sección? ¿Qué elementos permiten definirla?

   _____
   _____
   _____
   _____
   _____
   _____
   _____

2. ¿Quién es la personalidad entrevistada? ¿Sabía usted quién era esta persona antes de leer la entrevista? Escriba lo que usted sabía de ella y luego, haga una lista de datos sobre su vida que resaltan de la entrevista.

   _____
   _____

3. ¿Cuál es el motivo circunstancial de la entrevista?

4. ¿A qué tipo de público, cree usted, está dirigida esta revista digital que publicó la entrevista? ¿Qué lo determina?

5. ¿Cree usted que las preguntas elaboradas por el entrevistador muestran que éste anticipó lo que su lector deseaba saber sobre la entrevistada y sobre el motivo circunstancial de la entrevista?

_____
_____
_____
_____
_____
_____
_____
_____

6. ¿Qué le pareció la entrevista? ¿Cree usted que el entrevistador debió incluir otras preguntas o que la entrevista tiene una extensión apropiada?

_____
_____
_____
_____
_____
_____
_____
_____

7. ¿Considera que fue acertada la información de trasfondo colocada por el entrevistador al final de la entrevista para situar al lector con respecto a la misma? ¿Por qué cree que la puso al final y no al comienzo de la entrevista?

_____
_____
_____

8. Ahora que conoce mejor a esta escritora, ¿qué cinco preguntas le haría usted si tuviera la oportunidad de entrevistarla?

2. La noticia (LT p. 302)

Para dominar la mecánica

D. Lea cuidadosamente la noticia y conteste las siguientes preguntas.

D. Ejercicios alternativos: trabajo individual, discusión en clase

PRESIDENCIALES 2006
Michelle Bachelet es la primera mujer Presidenta con un 53,49%

La candidata de la Concertación superó por siete puntos porcentuales a Sebastián Piñera, en el informe que incluyó el 99,71% de las mesas escrutadas.

SANTIAGO.- Con una diferencia de 7 puntos, la candidata de la Concertación, Michelle Bachelet resultó elegida como futura Presidenta de Chile al obtener el 53,49% de los votos.

La candidata presidencial superó ampliamente al candidato de la oposición Sebastián Piñera, quien en el tercer cómputo dado a conocer a las 20.50 horas, obtuvo un 46,5%.

En el último informativo dado a conocer por el subsecretario Jorge Correa Sutil y que comprende el 99,71% de las mesas escrutadas, Michelle Bachelet se consolidó como la gobernante electa.

Bachelet ganó en doce de las trece regiones del país pues en la única que no pudo superar a Piñera fue en la Novena Región de la Araucanía.

Con este resultado, Michelle Bachelet se convierte en la primera mujer en alcanzar la más Alta Magistratura del país.

Bachelet se convertirá en la primera presidenta de Chile y una de las seis que han gobernado en América Latina.

El Ministerio del Interior chileno informó hoy de que, con el 97,71 por ciento de los votos escrutados, Bachelet obtuvo el 53,49 por ciento frente al 46,50 por ciento de Piñera, es decir, con un 6,99 por ciento de ventaja.

Tras saberse del triunfo, el presidente Ricardo Lagos llamó a Bachelet para felicitarla y entregarle su apoyo.

"Es un gran día para Chile es un día histórico porque una mujer como tú llega (al palacio) a la Moneda", afirmó Lagos en una breve comunicación telefónica, que se trasmitió a través de la televisión abierta al país.

Piñera la felicita
El derrotado candidato de la Alianza, Sebastián Piñera, reconoció su derrota y felicitó a su rival, a quien deseó "el mayor de los éxitos".

"Felicito a Michelle por su triunfo, no sólo porque será la primera presidenta de Chile, sino también como un homenaje a esos millones de mujeres que con esfuerzo y tenacidad han logrado el lugar que les corresponde en nuestra sociedad", dijo Piñera.

Bachelet será la cuarta presidenta electa democráticamente en Latinoamérica tras la nicaragüense Violeta Barrios de Chamorro, la panameña Mireya Moscoso y la guayanesa de origen estadounidense Janet Jagan.
(Adaptado de *El Mercurio Internet*, domingo 15 de enero de 2006)

1. Indique cuáles de las preguntas *q, q; c, c; d* y *p* fueron contestadas en la entrada de la noticia. Escriba la pregunta y la respuesta. Si alguna no fue respondida, diga cuál, dé su opinión del porqué, y si posible, cuál sería la respuesta.

_____
_____
_____
_____
_____
_____
_____
_____

2. ¿Podemos decir que esta noticia incluye un enlace? Márquelo en el texto.

3. ¿Qué datos adicionales encontramos en el cuerpo informativo? ¿Es relevante incluir esa información? ¿Por qué?

4. De la noticia se desprende que entrevistaron a varias personas. ¿Cómo lo sabemos? ¿A quién entrevistaron y por qué?

5. ¿Tiene relevancia esta noticia? ¿Por qué ?¿Qué tipo de relevancia tiene, solamente nacional o también internacional? ¿En qué sección del periódico la colocaría usted?

6. ¿Cómo logra el autor de la noticia mantener la objetividad de los hechos?

3. El reportaje (LT p. 307)

 Para dominar la mecánica

D.1. Lea el reportaje teniendo en mente las indicaciones entregadas en esta sección, y luego conteste las preguntas. (LT p. 308)

D. Ejercicios alternativos: trabajo individual, discusión en clase

1. Marque en el texto las diferentes partes del titular y luego escríbalas en las líneas que siguen.

2. ¿Qué tipo de reportaje es éste? Apoye su respuesta en el texto.

3. ¿A qué público, cree usted, está dirigido este reportaje? ¿Cómo lo sabe?

4. ¿Cree usted que las preguntas elaboradas por el autor muestran que éste anticipó correctamente lo que su lector esperaba encontrar en el reportaje?

5. ¿Qué le pareció el reportaje? ¿Cree usted que el autor debió incluir otra información?

6. ¿Sobre cuál aspecto noticioso de la realidad contemporánea mexicana nos informa el autor en este reportaje?

7. ¿Qué relación establece entre la literatura, los *narcocorridos* y la realidad?

D. 2. Busque un reportaje publicado en algún diario en español en la red y llévelo a clase. Preséntelo explicando porqué es un reportaje de acuerdo a la descripción hecha en esta sección del libro de texto. Escriba aquí sus comentarios.

4. La crónica (LT p. 312)

 Para dominar la mecánica

D.1 Después de leer la crónica, (LT p. 313) conteste las siguientes preguntas.

D. Ejercicios alternativos: trabajo individual, discusión en clase

1. ¿Qué características de la crónica encontramos aquí?

2. ¿De qué trata?

3. ¿Por qué no podemos clasificarla como noticia?

C. 1. Busque en un periódico en la red o en papel una crónica y tráigala a clase. Pídale a sus compañeros que le digan por qué es una crónica y no una noticia. Use el siguiente espacio para tomar sus notas.

_____
_____
_____
_____
_____
_____
_____
_____
_____

5. El artículo (LT p. 316)

Cosméticos para mantener la mente (y la piel) en forma
Teresa de la Cierva

Es cierto que la belleza parte del interior hacia el exterior. No importa cuantos potingues usemos: la piel de alguien estresado, irritado o infeliz le delata. Basándose en ello, han surgido cremas para combatir el estrés, champús que equilibran cabello alterado, incluso sueros «que proporcionan a la tez la misma calma que aporta el yoga» (La Prairie dixit). Y si pensaba que un perfume es sólo un accesorio, se equivoca. Las nuevas esencias van directamente al centro emocional del cerebro y tienen un potente efecto sobre el ánimo. Al menos es el caso de Smiley, con moléculas de alcaloides de feniletilamina (estimulante del chocolate que participa del proceso de enamoramiento) y teobromina (también presente en el chocolate), de efectos psicoactivos comprobados. O Happy For Men de Clinique, una fragancia cítrica y vitalista.

Relájese y descubra los cosméticos que suben a flor de piel.

(Tomado de: *ABC.es*, 11/29/2008)

Para dominar la mecánica

D.1. Después de leer el artículo, conteste las siguientes preguntas.

D. Ejercicios alternativos: trabajo individual, discusión en clase

1. ¿Qué características del artículo encontramos aquí? Identifíquelas apoyándose en el texto.

   _____
   _____
   _____
   _____
   _____
   _____

2. ¿De qué trata el artículo? ¿Intenta el autor persuadirnos de tomar partido o simplemente expone su opinión? Justifique sus respuestas con citas del texto.

   _____
   _____
   _____
   _____
   _____
   _____

D. 2. Después de leer el artículo en (LT p. 317) del libro de texto, conteste las siguientes preguntas.

1. ¿Qué características del artículo están presentes en "¿Viernes negro o sábado rojo?"

   _____
   _____
   _____

2. ¿Cuál es la posición del autor con respecto al uso de las tarjetas de crédito?

3. ¿Está usted de acuerdo con él? ¿Había usted visto la compra a crédito de artículos con descuentos desde la perspectiva que la presenta el autor del artículo, o éste le hizo tomar conciencia de una realidad nueva para usted?

D.3. Escoja un tema relativo a la salud, la belleza, la educación, la tecnología, la política, etc. y escriba un breve artículo siguiendo el modelo anterior y la descripción de un artículo presentada en esta sección. Utilice entre 150 y 200 palabras.

6. La crítica o reseña (LT p. 321)

> Para dominar la mecánica

D.1. Lea cuidadosamente la crítica en el libro de texto y luego conteste las preguntas. (LT p. 321)

D. Ejercicios alternativos: trabajo individual, discusión en clase

1. Resuma el objetivo de la crítica. ¿Qué características de la crítica están presentes en la misma?

7. El editorial (LT p. 326)

Para dominar la mecánica

D.1. Lea cuidadosamente el editorial en el libro de texto (LT p. 327) y luego conteste las preguntas.

D. Ejercicios alternativos: trabajo individual, discusión en clase

1. Resuma el objetivo de este editorial. ¿Qué características del editorial están presentes en el mismo?

2. ¿Cuál es el llamado que hace al final el editorial?

3. Podrá notar que el editorial no está firmado. ¿Qué significa eso?

8. El obituario (LT p. 330)

Para dominar la mecánica

D.1. Después de leer el obituario, conteste las siguientes preguntas. (LT p. 331)

D. Ejercicios alternativos: trabajo individual, discusión en clase

1. Según los críticos, ¿cómo afectó la carrera literaria de Elena Garro su vinculación con Octavio Paz?

2. ¿Cuál fue el compromiso político de Elena Garro?

3. ¿Qué tributo le rinde el obituario?

A.1. Escriba su propio obituario en 150 palabras.

Escritos profesionales (LT p. 334)

Las cartas (LT p. 350)

Para dominar la mecánica

D.1. Después de leer ambas cartas, (LT pp 352-354) responda a las siguientes preguntas.

D. Ejercicios alternativos: trabajo individual, discusión en clase

1. ¿Cómo comparan ambas cartas en términos del grado de afectividad expresado en las mismas?

2. ¿Cuál es el propósito de una y de la otra? El lenguaje y el tono utilizados ¿sirven a estos propósitos?

3. ¿Qué aspectos de la personalidad de Martí, y de sus ideales políticos, se ven reflejados en estas cartas?

D.2. Escriba una carta personal siguiendo las instrucciones a continuación.

Durante el semestre usted tuvo la oportunidad de trabajar con muchos compañeros de clase. Escríbale una carta tradicional (escrita a mano y enviada por correo a su dirección de la universidad) a uno de ellos, bien sea para agradecerle por algo, para comentarle sobre su experiencia trabajando juntos, para expresarle que le hubiera gustado conocerlo(a) más, etc. Cuide todos los detalles: el papel que utilice, la longitud de la carta, lo que le dice y lo que le pregunta al destinatario (en otras palabras, el mensaje que quiere llevarle y la reacción que quiere producir en él o ella), etc.

Su profesor(a) se asegurará de que cada estudiante reciba una carta. Al escribirla, piense que está en un lugar desconectado de toda la tecnología moderna y que la única forma de comunicarse con esa persona (y de esa persona responderle a usted) es con papel y lápiz.

Tenga en mente lo mencionado en el libro de texto sobre las cartas personales.

Luego, en clase se discutirán los resultados de la experiencia.

La autora

La Dra. Priscilla Gac-Artigas es profesora titular en el Departamento de Lenguas Extranjeras de la Universidad de Monmouth en Nueva Jersey, del que fue directora por seis años, periodo durante el cual creó, junto a la Escuela de Negocios, el Bachillerato combinado de Español y Negocios Internacionales, y junto a la Escuela de Comunicaciones, la doble especialización de Español y Comunicaciones. En este contexto creó el programa de radio en español "Latinos acá", transmitido semanalmente por la radio de la universidad, cuya producción y realización está a cargo de los estudiantes. Para mejorar el nivel de conversación y escritura de los estudiantes de lenguas, estableció un Centro de Apoyo (Resource Center) cuyas sesiones funcionan paralelas a los cursos y están a cargo de profesores adjuntos.

Especialista en literatura hispanoamericana, es autora de numerosos artículos publicados en revistas de los Estados Unidos, México y Europa. Igualmente ha participado en congresos de investigación en diferentes países y ha sido invitada como oradora a encuentros de creación literaria junto a escritoras de la talla de Gioconda Belli, Angélica Gorodischer y Nancy Morejón.

Ha publicado

1. *¡A la perfección! Para dominar la mecánica de la escritura.* Nueva Jersey: Academic Press ENE, primera edición junio 2009, libro de texto y cuaderno de ejercicios. (ISBN: L.T. 1-930879-55-5, CE 1-930879-56-3).

2. *Hoja de ruta, cultura y civilización de Latinoamérica.* Nueva Jersey: Academic Press ENE, primera edición limitada marzo 2006, segunda edición junio 2006, tercera edición 2007, cuarta ed. 2008 (ISBN: 1-930879-53-9).

3. *Nos tomamos la palabra, Antología crítica de textos de 28 escritoras latinoamericanas contemporáneas.* Reader. Nueva Jersey: Academic Press ENE, 2005. Editora. (ISBN: 1-930879-41-5)

4. *Reflexiones, ensayos sobre escritoras hispanoamericanas contemporáneas*, 2 Vols., Madrid, España: Sánchez & Sierra Editores, 2003/2006. Primera edición, Nueva Jersey: Ediciones Nuevo Espacio, Colección Academia, 2002. Editora y colaboradora.

5. *Directo al grano: a Complete Reference Manual for Spanish Grammar*, New Jersey: Prentice Hall, College Division, November 1999, To the Point Books, First Ed., 1996, Second Ed., 1997.

6. *Sans Détour: a Complete Reference Manual for French Grammar*, New Jersey: Prentice Hall, College Division, November 1999. To the Point Books, First Ed., 1996, Second Ed., 1997.

7. *To the Point: inglés para hispanohablantes*, New Jersey: To the Point Books, First Ed., 1996, Second Ed., 1997.

Ficción: *Melina, conversaciones con el ser que serás.* Nueva Jersey: Ediciones Nuevo Espacio, 2000.

www.ingramcontent.com/pod-product-compliance
Lightning Source LLC
Chambersburg PA
CBHW080730300426
44114CB00019B/2534